크리스천이면 알아야 할

맛있는 성경상식

크리스천이면 알아야 할

맛있는 성경상식

초판발행일 | 2013년 12월 5일

편　　저 | 박필립
감　　수 | 정성구
펴 낸 이 | 배수현
디 자 인 | 박수정
제　　작 | 송재호
홍　　보 | 권재흥
기　　획 | 박화연

펴 낸 곳 | 가나북스 www.gnbooks.co.kr
출판등록 | 제393-2009-000012호
전　　화 | 031) 408-8811(代)
팩　　스 | 031) 501-8811

ISBN 978-89-94664-55-2(03230)

※ 가격은 뒤 표지에 있습니다.

크리스천이면 알아야 할

맛있는 성경상식

편저 박필립 · 감수 정성구

머리말

<신비한 성경 속 한자의 비밀>에 이어 '크리스천이면 알아야 할 맛있는 성경상식'을 간행하게 되었음을 먼저 주님 앞에 감사드린다.

나는 성경을 읽을 때마다 다음의 몇 가지 궁금증이 생겼을 때 누구에게 물어보아야 하는지 몰라 고민스러웠던 경험이 있었다.

첫째, 성경 66권의 책이름은 어떻게 지어졌을까?

둘째, 성경 66권의 저자는 어떤 인물일까?

셋째, 성경 각 권의 역사와 유래는 어떻게 될까?

그래서 성경을 읽고 묵상하면서 궁금증이 생길 때마다 66권의 성경 명칭과 유래 그리고 저자 등에 대해서 정리를 하여 몇

분의 목사님과 장로님들께 보여 드렸더니 정말 꼭 필요한 성경 상식이라는 호평을 듣게 되었기 때문에 용기를 내어 이 책을 쓰게 되었다.

또한 성경에 등장하는 수많은 인물 들 전부에 대해서는 알지 못하더라도 주요 인물의 이름에 대한 의미만 알아도 신앙생활을 하면서 대단히 유익할 것이라 생각했었다.

왜냐하면 '자기 백성을 그들의 죄에서 구원할 자[마 1:21]'라는 의미가 있는 '예수'의 이름처럼 각자의 이름에는 저마다의 뜻이 있을 것이기 때문이었다. 이렇게 성경 속 인명을 살펴보면 그 이름에는 하나님께서 내려 주신 사명이 담겨 있거나, 부모님의 바램이나 사상 등이 포함되어 있기도 하고, 또 그 사람이 어떤 사람인지를 짐작할 수 있어서 성경을 이해하기 쉬울 것이라는 생각에서였다.

그래서 성경 속 200명의 주요 인물들을 여러 성경 주석서를 참고하고 신학자들의 자문을 받아 200명 각자의 원어 이름에 대한 뜻과 그 인물에 대해 특별히 알아야 할 상식들, 예컨대 그들의 가족관계는 어떻게 되고 무슨 일을 하였는지 등을 요약하면서 그들에 대해서 역사는 어떻게 평가하고 있을까? 나아가 그들 이름을 한문성경(중국어 성경 포함)에서는 어떻게 표기하는지도 정리하였다.

그리고 우리말 성경 단어 중에는 [역대상 29:3]의 '사유(私有)'와 [역대하 6:30]의 '사유(赦宥)'처럼 낱말 음은 같지만 뜻이 다른 동음이의어가 의외로 많이 있음을 알 수 있었다.

그래서 성경 속 동음이의어 50개를 선정하여 낱말의 뜻과 해당 성경 구절을 예시하여 정확한 의미를 알고 성경을 읽으면서 더 큰 은혜를 받았으면 참 좋겠다는 생각을 했다.

이 책이 '나도 누구에게나 자신 있게 성경상식에 대해서 말할 수 있겠다.'는 독자들이 많아지기를 기도한다.

끝으로 설교와 강연 및 원고 집필 등으로 대단히 바쁘신 중에도 졸고를 감수해 주신 한국칼빈주의 연구원장 정성구 목사님(신학박사, 총신대 및 대신대 총장 역임)과 출판을 흔쾌히 허락하여 주신 <가나북스>의 배수현 장로님께 진심으로 감사드리고, 묵묵히 기도로 뒷바라지를 해주는 사랑하는 반려자 문선영님과 창엽이 신애에게도 고마움의 뜻을 전한다.

박 필 립

이 책의 특징 및 짜임

제1부

<성경 66권의 책명과 유래>에서는 성경 각 권의 이름은 무슨 뜻일까하고 궁금해 하는 성도가 많을 것이다. 더욱이 성경책 옆의 책명 약자표(부록 약자표 참조)에서 성경을 찾으려면 헷갈리는 정도가 더 심해진 것을 경험했을 것이다. 따라서 성경 한자 책명을 쉽게 이해할 수 있도록 66권의 책명의 약칭법을 히브리어 혹은 헬라어 표제와 의미를 곁들여 정리하여 유익한 성경 길잡이가 될 수 있도록 편집하였다.

제2부

<성경 속 주요 200인명>에서는 성경에는 약 1,873명의 인물들이 등장하는데 이 사람들의 이름은 참으로 중요한 의미를 갖는다. 한 나라의 역사 기록에 나라에 공헌한 사람과 해를 끼친 반역자들의 이름이 기록되어 있듯이 성경에서도 특정인의 이름이 기록된 데에는 그만한 이유가 있을 것이다. 하나님의 사람으로서 그분의 뜻에 합당한 사람이 있는가 하면, 하나님의 사람으로서 확고한 입장에 있다가 떨어져나간 배교자들이 있고, 또 악한 죄인들이 있다. 성경은 그들의 행위와 함께 그들의 이름을 기록하여서 후대에 교훈으로 삼으신다.

이 책에서는 그 중 200명의 중요 인물을 선정하여 그들의 이름이 갖는 의미와 한자 표기를 우리 말 음과 중국어 한어병음을 곁들여 정리하였고, 해당 인물의 특징 예컨대 가족관계, 출생관

련, 사건관련 등에 대해서 성경 말씀 위주의 해설을 덧붙여서 흥미뿐만 아니라 성경 공부에 유익한 자료가 될 수 있도록 편집하였다.

제3부 <성경 속 동음이의어>에서는 성경 속에서 혼동하기 쉬운 同音異義語를 정리하여 성경 한자어를 바르게 이해하고 유용하게 활용할 수 있도록 50개의 동음이의어를 예시하였다. 각 한자어의 뜻풀이는 물론 장단음 표기를 곁들여 누구나 읽으면서 쉽게 이해할 수 있도록 하였을 뿐만 아니라 해당 성경 구절을 함께 제시하여 신앙생활에 바로 적용할 수 있도록 정리하였다.

제4부 <부록>에서는 구약성경 책명 한자서명 및 약자표와 신약성경 책명 한자서명 및 약자표, 그리고 2부의 성경 속 200인명의 알파벳 색인과 해당 한자인명의 각 한자 훈음을 밝히고, 자음의 가나다순 색인 및 한어병음의 알파벳순으로 색인을 실어 인명 한자를 통해 한자 학습에 유용하게 활용할 일반 독자는 물론 영어 성경을 읽는 성도와 중국어 성경을 읽는 성도들이 이 책을 더 유용하게 활용할 수 있도록 편집하였다.

목차

머리말 • 5

이 책의 특징 • 8

1부 :: 성경 66권의 책명과 유래 ////// 13

1. 성경 책명 이름에 대하여 • 14

1) 서(書)와 기(記) • 14

2) 지(誌, 志)와 언(言)과 전(傳) • 16

3) 가(歌)와 상하(上下)와 전후(前後) • 17

2. 성경 책명 줄여 쓰기(약자) **원리** • 19

1) 각권의 책이름 첫 자를 따른 원리 • 21

2) 첫 자에 다음 글자의 초성을 받침으로 한 원리 • 22

3) 각권의 책이름 두 번째 글자를 따른 원리 • 23

4) 각권의 책이름 세 번째 글자를 따른 원리 • 23

5) 기타의 약자 원리 • 24

3. 구약 39권 책명 • 25

4. 신약 27권 책명 • 68

2부 :: **성경 속 주요 200인명** ////// 97

3부 :: **성경 속 동음이의어** ////// 261

1. 가장, 강건, 거부, 경계, 계수, 고대, 공중, 공포, 과실, 관리 • 262
2. 구조, 대상, 무사, 무용, 보고, 보석, 부대, 사기, 사사, 사유 • 268
3. 사자, 상고, 상관, 세계, 소명, 소생, 소제, 수금, 수리, 시기 • 275
4. 시신, 시인, 이전, 인도, 인자, 장사, 정수, 조롱, 종자, 주석 • 281
5. 중생, 지방, 지체, 진정, 천대, 표적, 풍성, 화목, 화상, 후대 • 287

4부 :: **부록** ////// 295

1. 구약성경 책명 한자서명 및 약자표 • 296
2. 신약성경 책명 한자서명 및 약자표 • 298
3. 성경 인명 알파벳 색인 • 300
4. 성경 인명 속 한자 훈음 색인 • 304
5. 성경 중국식 인명 한어병음 색인 • 310
6. 참고문헌 • 315

제1부

성경 66권의 책명과 유래

일반 성도라면 누구나 한 번쯤은 주일 예배 성경 봉독 시간에 제대로 성경본문을 찾지 못해서 여기저기를 들춰본 경험이 있을 것이다. 더욱이 성경책 옆의 책명 약자표(부록 약자표 참조)에서 성경을 찾으려면 헷갈리는 정도가 더 심해진 것을 경험했을 것이다.

따라서 1부에서는 성경 한자 책명을 쉽게 이해할 수 있도록 66권의 책명의 약칭법을 히브리어 혹은 헬라어 표제와 의미를 곁들여 개요를 정리하여 성경 공부의 길잡이가 되도록 편집하였다.

제1부 성경 66권의 책명과 유래

1 | 성경 책 이름에 대하여

1. 서(書)와 기(記)

구약은 '기'가 있고, 신약은 '기'가 없다?

이 말이 무슨 뜻일까? 여기에서 '기'란 기운을 뜻하는 '氣'가 아니라, 문서를 뜻하는 '記'를 의미한다면 '아하!'라는 감탄사를 발할 것이다.

우리는 흔히 구약의 여섯 번째 책을 '여호수아서'라고 부른다.

그렇다면 '여호수아서(書)'가 맞을까? 아니면 '여호수아기(記)'가 맞을까?

가장 문제가 되는 것은 '기(記)'와 '서(書)'를 혼동하거나 오해하는 경우일 것이다. 왜냐하면 '누구누구에 대한 기록'이란 '書'와 '누구누구가 적은 기록'이란 의미의 '記' 사이에는 큰 차이가 있기 때문이다. 그렇기에 '여호수아서'가 아니고 '여호수아기'라고 해야 맞다.

왜 그럴까? 우리가 표기하는 성경책이름은 중국 성경에서 비롯되었다. 그래서 신구약의 책이름을 굳이 '기'(記)와 '서'(書)로 구분해 놓은 성경은 우리나라와 중국, 일본뿐이다. '표준새번역'이 등장(1993년) 하면서 우리말 성경책의 이름이 중국, 일본의 것과 통일되게 되었는데, 그 때부터 여호수아는 여호수아기라고 표기되기 시작하였다.

그 후 성경책의 이름을 '서'와 '기'로 나눠 표기할 때 생기는 오해는 신약의 경우보다 구약의 경우에 더 흔하게 나타나고 있다. 성경책의 이름에 얽힌 우리의 오해를 바로 잡아야 할 때이다.

1) 서(書)

'書(서)'에는 '저자가 한 말이나 직접 쓴 글'이란 뜻이 있다. 편지나 문서, 서예 등에 '글을 쓴다.'는 의미가 있는 것을 기억하면 된다. 구약의 예언서나 신약의 서신들이 모두 '서'라고 불리는 것은 이 때문이다.

2) 기(記)

'記(기)'에는 '누구누구에 대하여 남이 써 놓은 기록'이란 뜻이 새겨져 있다. '기'란 본래 '사건이나 사물 등을 기록해 놓는다.'는 것을 나타내고 있다. 이스라엘 역사에 대한 기록이 열왕기상, 열왕기하라고 불리는 것은 이 때문이다.

같은 맥락에서 사무엘기상, 사무엘기하, 에스라기, 느헤미야기, 에스더기라는 명칭이 자리 잡았다.

2. 지(誌, 志)와 언(言)과 전(傳)

1) 지(志)

같은 역사 기록이라고 해도 구약의 'Chronicles'는 역대기가 아니라 역대지라고 불린다. 중국 성경에서는 역대지(歷代志), 일본 성경에서는 역대지(歷代誌)라는 명칭이 사용되고 있다. 현대 중국어에서 지(誌)와 지(志)가 각각 번자체와 간자체라는 차이를 지니고 있지만, 우리가 사용하는 한자에서 적을 지, 욀 지(誌)나, 뜻 지, 뜻할 지(志)는 모두 기재한 문서를 지칭하고 있다. 다만 중국 성경은 삼국지(三國志)를 언급할 때처럼 굳이 역대지(歷代志)라고 쓰고 있다.

2) 언(言)

잠언인 경우, 잠언서라고 불러서는 안 된다. 잠언(箴言)이란 말 자체가 훈계나 경계가 되는 짧은 말이란 뜻인 까닭이다.

3) 전(傳)

'傳(전)'이란 한문 문체의 하나로, 어떤 사람의 독특한 행적을 기록하고, 여기에 교훈적인 내용이나 비판을 덧붙인 글을 뜻한다. 그래서 사도행전이 '전(傳)'으로, 요한계시록이 '록(錄)'으로 표현된 것도 한자를 사용하는 중국과 일본의 관용어법을 따른 결과이다.

3. 가(歌)와 상하(上下)와 전후(前後)

1) 가(歌)

아가나 예레미야 애가의 경우처럼 '歌(가)'란 문답체의 노래이다.

그래서 구약의 스물두째 권인 '雅歌(아가)'는 '우아한 노래'라는 뜻이고, 구약의 스물다섯 번째 권인 '哀歌(애가)'란 '슬픈 노래'라는 뜻이다. 아가서, 애가서라고 부를 필요가 없다. 이것은 시편이 '시를 편찬한 책'이란 뜻인 것과도 같은 이치이다.

2) 상하(上下)

열왕기는 사무엘과 같이 히브리어 성경에는 하나로 되어 있다. 70인 역은 아하시야왕의 이야기 중간을 잘라서 열왕기를 상하 두 권으로 나누었다. 그리하여 사무엘서를 '제1, 제2 왕국기'라고 부르고, 열왕기를 '제3, 제4 왕국기'라고 불렀다. 70인역이 이처럼 사무엘서와 열왕기, 역대기를 각각 둘로 나눈 이유는 아마도 헬라어가 히브리어보다도 훨씬 많은 분량의 두루마리를 필요로 했기 때문일 것이다.

3) 전후(前後)

디모데서는 헬라어 본문 표제는 '프로스 티모데온 알파' 즉 '디모데전서'와 바울의 마지막 서신에는 헬라어로 '프로스 디모데온 베타' 즉 '디모데후서'라는 표제가 붙어있다. 그래서 헬라어 표제가 '알파'와 '베타'로 붙어있는 것은 '前後'로 구분하였다.

2 | 성경 책명 줄여 쓰기(약명 · 略名) 원리

교회를 처음 다니는 사람들이 경험하게 되는 곤혹스러운 일 가운데 하나는 성경 본문을 찾는 일이다. 주일 예배 때 성경 봉독 시간에 다들 제대로 성경본문을 찾아서 읽고 있는데, 자기만 못 찾아서 여기저기를 들춰보고 있다면 참으로 미안한 일이다. 그러기에 창세기에서 요한계시록에 이르는 66권의 책명을 외우는 일은 교인됨의 필수과목일 것이다.

특히 성경책 옆의 책명 약명표에서 성경을 찾으려면 헷갈리는 정도가 심해질 수 밖에 없다.

그렇다면 성경책 이름의 약명(略名)은 어떻게 만들어졌을까?

이 약명은 성경원문과 상관이 없는 표기로 옛날 관주성경[1] 에서는 볼 수 없던 것인데 일반성경이 보급되면서 빨리 찾도록 하게 하기 위하여 단순히 구별이나 식별을 위한 것으로 줄임말의 표기명으로써 붙여진 것일 뿐 특별한 의미가 없다.

우리말 성경에서 '에'라는 약명이 가리키는 책은 어떤 책일까? 에스라인가, 에스더인가? 신구약성서에서 '에'로 시작하는

---

1. 성경은 관주(貫珠 : 생명의 진리 말씀을 꿰뚫다)와 주석(註釋: 낱말이나 문장의 뜻을 쉽게 풀이한 해석)이 있다.

책이름은 모두 네 권이다. 그 책들을 순서대로 나열하면 에스라, 에스더, 에스겔, 에베소이다. 그런데 이 네 권 중에서 '에' 라는 약자는 두 번째 책인 에스더서를 가리킨다. 그 나머지 세 권의 책은 각각 '스'(에스라), '겔'(에스겔), '엡'(에베소)이 된다.

우리말 성경책 이름의 줄여 쓰기에는 몇 가지 원칙이 있는 듯하다. 우선은 첫 음절을 약자로 표기하되(66권 중 27권이 이렇게 표기되었다.), 그것이 다른 책의 줄여 쓰기와 겹치게 되거나 혼란을 야기하게 될 경우, 개음절로 끝나는 첫 음절의 글자에 두 번째 음절의 초성이나 종성의 글자를 받침으로 따서 한 음절로 만들어 확정하거나(66권 중 21권이 이런 원칙을 따랐다), 아니면 두 번째나 세 번째 음절의 글자를 택해서 약자로 확정했다는 것이다(66권 중 18권이 여기에 해당된다).

또 어떤 책이 둘이나 셋으로 나뉘어져 있을 경우 그것을 나타내는 줄여 쓰기 방식도 다르다.

예를 들면 열왕기상이나 열왕기하는 '왕상' 과 '왕하' 로, 고린도전서나 고린도후서는 '고전' 과 '고후' 로 표시된다. '열상' 이나 '열하' 가 아닌 '왕상' 이나 '왕하' 가 되었다는 문제는 차치하더라도, 구약에서는 '상' '하' 로 불리던 것이, 신약에 와서는 '전' '후' 로 표기되는 난맥을 보이고 있다.

더구나 세 권으로 된 책은 그냥 '일,' '이,' '삼' 으로 표기되는데, 그 이유는 한문성경[2]의 약자 체계의 영향이라고 본다. 우리말 성경을 공부하면서 때로는 한문성경을 들여다보아야 되는 이유가 여기에 있다.

1. 각권의 책이름 첫 자를 따른 약명(略名) 원리

1) 구약성경

창세기 ➔ 창	출애굽기 ➔ 출	레위기 ➔ 레
민수기 ➔ 민	신명기 ➔ 신	룻기 ➔ 룻
느헤미야 ➔ 느	에스더 ➔ 에	욥기 ➔ 욥
시편 ➔ 시	잠언 ➔ 잠	전도서 ➔ 전
아가서 ➔ 아	호세아 ➔ 호	미가 ➔ 미
나훔 ➔ 나	학개 ➔ 학	말라기 ➔ 말

2) 신약성경

마태복음 ➔ 마	요한복음 ➔ 요	고린도전서 ➔ 고전
고린도후서 ➔ 고후	갈라디아서 ➔ 갈	빌립보서 ➔ 빌
골로새서 ➔ 골	히브리서 ➔ 히	유다서 ➔ 유

2. 중국의 고전은 단권인 경우에는 單(단) 혹은 全(전)으로, 上下(상하) 두 권인 경우 乾(건)과 坤(곤)으로, 上中下(상중하) 세 권인 경우 天(천), 地(지), 人(인)으로, 네 권인 경우 元(원), 亨(형), 利(이), 貞(정)으로 분책임을 표기한다.

2. 각권의 책이름 첫 자에 다음 글자의 초성을 받침으로 한 약명(略名) 원리

예를 들면, 마가복음의 약자는 마가복음의 첫 글자인 '마'에다가 그 다음에 오는 '가'의 첫소리 "ㄱ"을 붙여서 <막>이라고 했다.

1) 구약성경

사사기 → 삿	사무엘상 → 삼상	사무엘하 → 삼하
다니엘 → 단	아모스 → 암	오바댜 → 옵
요나 → 욘	하박국 → 합	스가랴 → 슥
스바냐 → 습		

2) 신약성경

마가복음 → 막	누가복음 → 눅	로마서 → 롬
에베소서 → 엡	디모데전서 → 딤전	디모데후서 → 딤후
디도서 → 딛	야고보서 → 약	베드로전서 → 벧전
베드로후서 → 벧후		

3. 각권의 책이름 두 번째 글자를 따른 약명(略名) 원리

1) 구약성경

열왕기상 ➔ 왕상	열왕기하 ➔ 왕하	역대상 ➔ 대상
역대하 ➔ 대하	에스라 ➔ 스	이사야 ➔ 사

2) 신약성경

데살로니가전서 ➔ 살전	데살로니가후서 ➔ 살후

4. 각권의 책이름 세 번째 글자를 따른 약명(略名) 원리

1) 구약성경

여호수아 ➔ 수	에스겔 ➔ 겔

2) 신약성경

사도행전 ➔ 행	빌레몬서 ➔ 몬	요한계시록 ➔ 계

5. 기타의 약명(略名) 원리

1) 각권의 책이름 첫 자에 다음 글자의 종성을 받침으로 한 약자 원리

요엘 ➔ 욜

2) 각권의 책이름 두 번째 자에 다음 글자의 종성을 받침으로 한 약자 원리

예레미야 ➔ 렘

3) 각권의 책이름 첫 자와 세 번 째 글자를 약자로 만든 원리

요한일서 ➔ 요일	요한이서 ➔ 요이	요한삼서 ➔ 요삼

3 | 구약성경

1. 創世記 - 창세기

[주요내용] 창세기는 성경의 나머지 65권을 함께 합친 것보다도 더 넓은 시간대를 망라하여 다루고 있다.

초반부는 세상의 시작과 세상에 죄가 퍼져 나가는 과정에 초점을 맞추며, 노아 시대의 대홍수 사건으로 그 절정을 이룬다.

그 다음 부분에서는 하나님이 아브라함 한 사람을 다루시는 내용에 초점을 맞추고 있다. 하나님은 그를 통하여 세상에 구원과 복을 주겠다고 약속하신다. 마지막 열세 장에서, 하나님은 이스라엘의 70인을 애굽으로 보내서 극적으로 작은 민족 이스라엘을 살리신다. 그리하여 그들은 거기서 성장하고 번성하게 된다.

[명칭유래] 창세기에 해당하는 헬라어는 '게네시스Γένεσις' 로서 '기원', '원천', '발생', '시작' 을 의미한다. 히브리어 성경의 표제는 '브레쉬트 בְּרֵאשִׁית' 로서 그 의미는 '태초에' 다.

즉 創世(창세)라는 명칭은 '처음으로 세상을 만듦.' 을 뜻한다.

[저 자] 창세기에는 저자의 이름이 직접적으로 나타나지 않

지만 성경 전체와 교회 역사는 모두 모세가 저자임을 증거하고 있다.

2. 出埃及記 - 출애굽기

[주요내용] 출애굽기는 하나님께서 모세를 통해 이집트에서 노예로 살던 이스라엘 민족들을 구해 가나안 땅으로 인도하는 내용에 관한 기록이다. 출애굽기가 히브리어 성경에서 '그리고'로 시작함은 창세기와의 연속성을 시사하는 데, 이것은 히브리어 표제 '베엘레 세모트'는 '[그리고 그] 이름은 이러하니'에서 비롯되었다.

[명칭유래] 출애굽에 해당하는 헬라어 표제는 '엑소두스'로서 '출구', '탈출' 또는 '밖으로 나감'을 의미한다. 즉 出埃及(출애굽)이라는 명칭은 '이집트에서 나옴'을 뜻한다.

[저 자] 비평가들은 출애굽기가 구전과 기록된 문서들을 이스라엘 후대의 편집자들이 짜맞추어 놓은 것에 불과하다고 하며, 모세가 출애굽기의 저자임을 부정해 왔지만, 강력한 외적 증거와 내적 증거를 볼 때 모세가 저자임이 분명하다.

3. 利未記 - 레위기

[주요내용] 레위기는 새로이 구속함을 받은 하나님의 백성들이 거룩하신 하나님께 어떻게 예배하고, 어떻게 섬기며, 어떻게 순종하여야 하는가를 보여주기 위해 하나님이 만드신 안내서로서 하나님의 백성들의 예배와 행위에 초점을 맞추고 있다.

[명칭유래] 레위기라는 이름은 율법 가운데 제사와 종교를 관장하는 레위인의 이름을 따서 지어졌는데, 히브리어 표제는 '바이크라' 로서 '그리고 그가 부르셨다.' 는 뜻이다.

그리고 한문표기 利未記(리미기)는 '레위기' 의 가차법에서 유래되었는데, 중국식 발음은 'lì wè jì 리웨이지' 이다.

[저　　자] 창세기와 출애굽기의 모세 저작성을 확증하기 위해 쓰여진 논증이 레위기에도 그대로 적용된다. 왜냐하면 오경은 모두 문학적으로 동일한 범주 속에 들어 있기 때문이다.

4. 民數記 - 민수기

[주요내용] 민수기는 유랑의 책이다. 민수기라는 이름은 두 번 실시된 이스라엘의 인구조사(한번은 시내산에서, 그리고 또 한 번

은 모압 평지에서 실시됨)에서 유래된 것이다. 그러나 이 책 대부분은 이스라엘이 광야를 돌아다니며 체험한 내용을 묘사하고 있다.

[명칭유래] 민수기의 히브리어 표제는 본문의 첫 자를 따서 '바예다베르 וַיְדַבֵּר'('그리고 그가 말씀하시기를')라고 했다. 헬라어 표제는 '아리트모이'('숫자들')다. 즉 民數(민수)라는 명칭은 '백성의 수를 셈'을 뜻한다.

[저　　자] 민수기의 저자가 모세라는 증거는 창세기, 출애굽기, 레위기의 세 책에 대한 증거와 거의 동일하다.

5. 申命記 - 신명기

[주요내용] 신명기는 120세 된 이스라엘의 지도자 모세의 고별 메시지로 구성되어 있다. 그 메시지는 약속의 땅을 소유할 새세대(40년 동안의 광야생활에서 살아남은 세대)에게 보낸 것이다.

신명기의 율법은 제사장들을 위한 것이라기보다는 일반 백성을 위한 것이라 할 수 있다. 모세는 새 세대에게 그들의 부모들 세대의 쓰라린 본보기에서 배워야 할 것이 있다면, 그것은 바로 순종이 미덕이란 점이다.

[명칭유래] 신명기의 히브리어 표제는 '하데바림'('그 말씀들')으로서 1:1의 첫 구절 '이는 ~ 말씀이니라'에서 취한 것이다. 대부분 출애굽기, 민수기 등에 등장했던 가르침이 반복되는 내용이기 때문에 신명기라는 이름이 붙었다. 신명기는 또한 '기억의 책'으로 불리기도 하는데, 이것 역시 적절한 명칭이라 할 수 있다.

즉 申命(신명)이라는 명칭은 '거듭 명함'을 뜻한다.

[저　　자] 비평가들은 모세가 단지 이 율법들의 기초가 되는 전승의 시조일 뿐이라고 주장하면서, 신명기가 모세의 저작임을 맹렬히 부인해 왔지만 결국 모세가 저자임이 분명하다는 것을 인정하고 있다.

6. 約書亞記 - 여호수아

[주요내용] 여호수아는 약속의 땅에 들어갈 때부터 바빌론 유수에 이르기까지의 이스라엘 왕국의 역사를 개괄하는 12권의 역사서(여호수아~에스더) 가운데 첫 번째 책으로 모세 오경과 그 이후의 이스라엘 역사를 연결시

키는 역할을 한다.

적군과 30여 차례 싸운 이스라엘 백성은 세 차례의 주요 전쟁을 통하여 여호수아의 탁월한 지도력 아래 한 가지 본질적인 교훈을 얻는다. 승리는 군사적인 힘이나 수적 우세에 있는 것이 아니라 하나님을 믿는 신앙과 그의 말씀에 대한 순종을 통하여 얻어진다는 것이다.

[명칭유래] 여호수아라는 책 이름은 이 책의 중심 인물인 여호수아의 이름을 따서 붙인 것이다. 그의 원이름은 '호세아'('구원' 민 13:8)인데, 모세가 그 이름을 '여호수아 עשוהי רפס'('여호와는 구원이시라' 민 13:16)로 고쳤다. 또한 여호수아의 단축형인 '예수아'로도 불린다.

그리고 한문표기 約書亞(약서아)는 '여호수아'의 가차법에서 유래되었는데, 중국식 발음은 'yāo shū yà 야오슈야'이다.

[저　　자] 여호수아 자신이다.

7. 士師記 - 사사기

[주요내용] 사사기는 성경의 판관(현대의 재판관과 혼동되지 않기 위한 표현)과 그들이 고대 이스라엘을 통솔하는 동안의 역사

를 기록한 책이다. 사사기는 공동번역성서에서는 판관기로 표기되어 있다.

여호수아에서는 하나님을 순종하는 백성들이 하나님의 능력을 신뢰하여 땅을 정복했지만, 사사기에서는 백성들이 하나님을 배반하고 불순종과 우상숭배에 빠져 번번이 패하고 만다. 사사기는 하나님의 율법을 무시하면 결국 내부의 부패와 외부의 침략이라는 결과 밖에는 얻을 것이 없다는 것을 보여준다.

[명칭유래] 사사기의 히브리어 표제는 '쇼페팀 ספר שופטים' 으로서, '사사', '지배자', '구원자' 등을 의미한다. 그런데 이 낱말은 정의를 지속시키고 분쟁을 해결한다는 개념만 있는 것이 아니라, '해방시키고 구원시킨다.'는 의미로도 사용된다. 70인역은 '쇼페팀'을 그대로 헬라식으로 번역하여 '크리타이'라는 말로 표제를 삼는다. 이 책은 또한 '실패의 책'이라 불러도 무방하다는 견해도 있다.

즉 士師(사사)라는 명칭은 '고대 중국에서, 법령과 형벌을 맡아보던 재판관'이라는 뜻에서 번역하였다.

[저　　자] 사사기의 저자는 누구인지 알려져 있지 않으나, 사무엘이나 그의 선지 생도 중 누군가가 저자일 것이라고 보고 있다.

8. 路得記 - 룻기

[주요내용] 룻기는 성경 가운데 가장 짧은 책 가운데 하나이며, 단지 4개 장으로 이루어져 있다.

룻기는 사사시대의 어두운 배경을 뒤로 하고 씌어진 사랑과 헌신과 구속에 대한 이야기다. 이 책은 자신의 이방 가계를 버리고 이스라엘 백성과 이스라엘의 하나님에게로 오는 한 모압 여인의 이야기를 기록하고 있다. 이스라엘 백성 전체에 신실함이 없던 시기에 그녀가 신실함을 보이자, 하나님은 그녀에게 복주사 새로운 남편(보아스)과 아들(오벳)을 주셨다. 또한 다윗과 그리스도의 혈통 가운데서 특별한 위치를 차지하게 하신다(그녀는 다윗의 증조모가 된다).

[명칭유래] 이 책의 히브리어 표제는 '룻 תור תליגמ '이다. 이 이름은 '우정' 또는 '협력'을 뜻하는 히브리어 '르윗'을 모압식으로 고친 것이다.

그리고 한문표기 路得(로득)은 '룻기'의 가차법에서 유래되었는데, 중국식 발음은 'lù dé jì 루더지' 이다.

[저 자] 룻기의 저자는 이 책의 어디에도 기록되어 있지 않으며, 다른 성경 구절을 통해서 알 수도 없다. 즉 저자 미상이다.

9. 撒母耳記上 - 사무엘 상

[주요내용] 사무엘상은 이스라엘이 사사의 다스림에서 왕의 통치로 전환되는 과정을 묘사하고 있다. 이 책에서는 세 인물, 즉 마지막 사사요 첫 선지자인 사무엘, 이스라엘의 첫 왕 사울, 왕으로 택함받아 기름부음을 받으나 아직 사울의 후계자로 인정받지 못하는 다윗이 두드러지게 나타난다.

사무엘상과 사무엘 하는 히브리어 성경에서는 본래 한 권으로서 '사무엘서' 또는 단순히 '사무엘'이라는 표제가 붙어있다.

[명칭유래] '사무엘'이란 이름의 뜻은 '하나님의 이름', '그의 이름은 하나님이다.', '하나님이 들으셨다.', '하나님이 구했다' 등 여러 가지로 해석된다.

그리고 한문표기 撒母耳上(살모이상)은 '사무엘상'의 가차법에서 유래되었는데, 중국식 발음은 'sā mǔ ěr shàng 사무얼상'이다.

[저 자] 사무엘상과 사무엘하의 저자는 미상이다. 그러나 유대 탈무드 전승에 따르면 이 책의 저자는 사무엘이라고 한다.

10. 撒母耳記下 - 사무엘 하

[주요내용] 사무엘하는 먼저 유대 지역을 통치하고, 결국은 이스라엘 전역을 통일하는 다윗 시대의 찬란한 역사를 기록하고 있다. 이 책은 다윗의 등극, 그의 간음 및 살인죄, 그리고 그 죄로 인하여 그의 가문과 나라에서 일어나는 분열의 결과들을 추적한다.

사무엘하의 헬라어 표제어는 '바실레이아 베타'로 그 의미는 '제2 왕국기'다.

[명칭유래] '사무엘'이란 이름의 뜻은 '하나님의 이름', '그의 이름은 하나님이다.', '하나님이 들으셨다.', '하나님이 구했다' 등 여러 가지로 해석된다.

그리고 한문표기 撒母耳下(살모이하)는 '사무엘하'의 가차법에서 유래되었는데, 중국식 발음은 'sā mǔ ěr xià 사무얼시아'이다.

[저　　자] 사무엘상과 사무엘하의 저자는 미상이다. 그러나 사무엘하는 선지자 나단과 선견자 갓의 연대기(대상 29:29)를 종합해서 누군가가 편집했을 것으로 추정된다.

11. 列王記上 - 열왕기 상

[주요내용] 열왕기상의 전반부는 솔로몬의 생애를 다룬다. 그의 통치하에서 이스라엘은 그 영토와 영화에 있어서 절정에 이른다. 그러나 솔로몬은 후기에 이방 여자들에게 마음이 빼앗겨 여호와를 향한 열심이 식고 하나님의 성전에서 예배하는 일도 게을리하게 된다. 결과적으로 왕이 두 마음을 품어 나라도 두 개로 갈라지게 된다. 열왕기상의 후반부는 점점 하나님의 선지자들의 말씀과 하나님의 계명에 대해 무관심해져 가는 두 부류의 왕과 불순종하는 두 왕국의 역사를 다루고 있다.

[명칭유래] 열왕기라는 이름은 '여러 왕들에 대한 기록'이라는 말로서 히브리어 성경의 표제 1:1의 '이제 왕이'에서 따온 '멜레킴 רפס מיכלמ'('왕들')이었다. 즉 列王(열왕)이라는 명칭은 '여러 왕'을 뜻한다.

[저　　자] 열왕기상과 열왕기하의 저자는 누구인지 알려져 있지 않으나, 탈무드 전승은 선지자 예레미야가 열왕기를 기록했을 것으로 본다. 왕들의 배교를 선지자답게 폭로하고 있는 것을 보면 저자는 선지자요 역사가였을 것이 분명해 보인다.

12. 列王記下 - 열왕기 하

[주요내용] 열왕기하는 열왕기상에서 시작된 역사, 즉 포로기를 향해 치닫고 있는 두 왕국의 비극적인 역사의 속편이다. 저자는 이스라엘과 유다의 열왕들을 조직적으로 추적해 나간다. 먼저 한 나라의 역사를 다룬 다음, 같은 기간의 나머지 나라의 역사를 거슬러 올라간다. 이스라엘의 열아홉 왕은 한결 같이 악하여 결국 이스라엘은 앗수르에 의해 포로가 되고 만다. 그러나 유다에서는 가끔씩 경건한 왕이 나와서 선왕들의 악행을 개혁하곤 하여, 이스라엘보다는 그래도 나은 면모를 보여준다. 그러나 결국 죄가 의보다 무거워서 유다 역시 바벨론의 포로가 된다.

[명칭유래] 열왕기라는 이름은 '여러 왕들에 대한 기록'이라는 말로서 히브리어 성경의 표제 1:1의 '이제 왕이'에서 따온 '멜레킴 ספר מלכים'('왕들')이었다. 즉 列王(열왕)이라는 명칭은 '여러 왕'을 뜻한다.

[저 자] 열왕기상과 열왕기하의 저자는 누구인지 알려져 있지 않으나, 탈무드 전승은 선지자 예레미야가 열왕기를 기록했을 것으로 본다. 왕들의 배교를 선지자답게 폭로하고 있는 것을 보면 저자는 선지자요 역사가였을 것이 분명해 보인다.

13. 歷代志上 - 역대 상

[주요내용] 사무엘하와 열왕기상하가 선지자적이고 도덕적인 관점에서 이스라엘과 유다의 정치적인 역사를 다루고 있다면, 역대상하는 제사장적이고 영적인 관점에서 유다의 다윗 왕조의 종교적인 역사를 다루고 있다. 역대상은 다윗의 계보로 시작하여 다윗의 의로운 통치에 대한 영적 의의를 추적해 나간다.

[명칭유래] 역대상하도 히브리어 성경에서는 본래 한 권의 책이었는데, 그 표제는 '디베레 하야밈'('그 날들의 말씀들')이었다. 곧 '그 시대의 사건들'이라는 뜻으로 이스라엘의 역사를 담고 있다.

즉 歷代志(역대지)라는 명칭은 '지나간 시대의 기록'을 뜻한다.

[저　　자] 본문에는 저자가 누구인지 나타나 있지 않으나, 제사장 에스라가 저자라는 유대 탈무드의 전승이 몇 가지 점에서 지지를 받고 있다.

14. 歷代志下 - 역대 하

[주요내용] 역대하는 열왕기상하와 동일한 역사를 다루고 있으나, 북왕국 이스라엘이 거짓된 예배를 드리며 예루살렘 성전을 인정하지 않기 때문에 실제적으로 이

스라엘의 역사를 무시하는 경향을 띤다. 역대하는 경건했던 다윗왕의 삶과 그의 통치를 귀감으로 삼는 왕들에 초점을 맞춘다. 또한 아사, 여호사밧, 요아스, 히스기야, 요시야 등 열정적인 개혁자들을 소상히 다루고 있다.

이 책은 솔로몬의 영화로운 성전에 대한 내용으로 시작하여 그로부터 400여년이 지난 후 성전을 재건축하라는 고레스 왕의 조서에 대한 이야기로 끝을 맺는다.

[명칭유래] 역대상하도 히브리어 성경에서는 본래 한 권의 책이었는데, 그 표제는 '디베레 하야밈'('그 날들의 말씀들')이었다. 곧 '그 시대의 사건들'이라는 뜻으로 이스라엘의 역사를 담고 있다.

즉 歷代志(역대지)라는 명칭은 '지나간 시대의 기록'을 뜻한다.

[저　　자] 본문에는 저자가 누구인지 나타나 있지 않으나, 제사장 에스라가 저자라는 유대 탈무드의 전승이 몇 가지 점에서 지지를 받고 있다.

15. 以士喇記 - 에스라

[주요내용] 에스라는 두 차례의 포로 귀환의 이야기를 다루면서 하나님이 이스라엘 백성을 70년 동안의 포로에서 다시 약속의 땅으로 귀환시키겠다고 하신 약속을 어떻게 지키시는가를 보여줌으로써 역대하의 내용을 계속 이어간다. 이스라엘의 '제2의 출애굽'인 바벨론 포로귀환은 오로지 남은 자만이 바벨론을 떠나오기 때문에 출애굽 사건보다는 부각되지 않는다.

[명칭유래] 에스라는 '도움' 또는 '여호와가 도우신다'라는 뜻을 가진 '에제르'라는 히브리어 낱말을 아람어 형태로 바꾼 것이다.

그리고 한문표기 以士喇(이사라)는 '에스라'의 가차법에서 유래되었는데, 중국식 발음은 'yǐ shì là 이스라'이다.

[저　　자] 에스라가 본문에 특별히 저자로 언급되지는 않으나, 그는 저자로 측정하기에 가장 적절한 사람임이 분명하다.

16. 尼希米記 - 느헤미야

[주요내용] 느헤미야는 에스라와 동시대의 인물로 페르시아 제국의 바사 궁전에서 술 따르는 일을 하던 느헤미야

는 마지막 세 번째의 포로귀환을 주도한다. 그는 예루살렘과 그 거민의 복지문제에 해단 관심이 지극하여 마침내 담대히 일어나 행동을 개시한다. 느헤미야는 본토로 돌아가도 좋다는 허락을 받고서 백성들에게 일어나 무너진 예루살렘 성벽을 재건하자고 외친다. 외부로부터의 반대와 내부의 중상모략에도 불구하고 그 일은 단 52일 만에 완성되어, 심지어 이스라엘의 원수들조차도 그 공적을 하나님의 능력으로 돌릴 정도였다. 그러나 재건된 성벽 내에 있는 하나님의 백성들을 변화시키고 교화시키는 일은 수년 동안의 느헤미야의 경건한 삶과 지도력이 필요한 것이었다.

[명칭유래] 히브리어 느헤미야 ספר נחמיה의 뜻은 '여호와의 위로' 다.

그리고 한문표기 尼希米(니희미)는 '느헤미야' 의 가차법에서 유래되었는데, 중국식 발음은 'ní xī mǐ 니시미' 이다.

[저   자] 이 책의 많은 부분이 느헤미야의 개인적인 글에서 인용한 것이 분명하고, 기사는 눈에 띄게 솔직하고 생생한 것으로 미루어 느헤미야가 저자로 알려져 있다.

17. 以士帖記 - 에스더

[주요내용] 에스더에서는 하나님의 이름이 한 번도 나타나지 않으나, 하나님이 그의 백성을 위해 행하시는 섭리와 보호의 손길이 이 책을 통해 분명히 나타난다. 하만(Haman)의 계략이 유다인들에게 큰 위협을 주지만 아름다운 에스더의 용기와 그녀의 지혜로운 사촌 모르드개(Mordecai)의 조언으로 그 위협을 잘 극복하여 큰 구원을 가져다준다. 부림절은 하나님이 그의 백성을 향해 신실하시다는 사실을 기념하는 날이 된다.

[명칭유래] 에스더의 히브리식 이름은 '은매화' 라는 뜻의 '하닷사(Hadassah)' 인데, 그의 바사식 이름 '에스더(Esther)' 는 '별' 을 뜻하는 페르시아어 '스타라(setareh)' 에서 유래한 것이다.

그리고 한문표기 以士帖(이사첩)은 '에스더' 의 가차법에서 유래되었는데, 중국식 발음은 'yǐ shì tiē 이스테' 이다.

[저　　자] 본문에서는 저자가 누구인지는 알 수 없으나, 바사의 예절이나 관습, 수산궁, 그리고 아하수에로 왕의 통치 때에 일어난 세세한 사건들에 대해 잘 알고 있는 점으로 미루어 보아 저자는 이 기간 중에 바사에 살고 있던 사람임이 분명하다.

18. 約伯記 - 욥기

[주요내용] 족장시대(아브라함, 이삭, 야곱, 요셉)를 배경으로 하는 이 책은 모든 것, 즉 부귀, 가정, 건강 등을 잃고 그 이유가 무엇이냐는 질문으로 논쟁하는 사람의 이야기를 다룬다. 이 책은 하나님과 사단 사이의 천상의 논쟁으로 시작한다. 그리고 욥과 그의 친구들 사이의 세 차례의 논쟁을 거쳐서 욥의 문제에 대한 극적인 하나님의 진단으로 이어진다. 마지막에 가서 욥은 그의 삶을 주관하시는 하나님의 주권을 인식하며, 또한 환란이 있기 전에 가졌던 것보다 더 많은 것을 얻는다.

[명칭유래] 히브리어 성경의 표제 역시 '욥 בוֹי' 인데, 이 이름은 두 가지 의미로 해석된다. 이 이름이 박해를 뜻하는 히브리어 낱말에서 파생되었다면, '박해받는 자' 란 뜻이 되고, 아라비아 낱말에서 유래한 것으로 보면 이 이름은 '다시 돌아오다.' 또는 '회개하다' 라는 뜻이 된다. 즉 이 이름은 '회개하는 자' 라는 뜻이다. 그리고 한문표기 約伯記(약백기)는 '욥기' 의 가차법에서 유래되었는데, 중국식 발음은 'yāo bó jì 야오보지' 이다.

[저　　자] 욥기의 저자는 알려져 있지 않고 본문에도 누가 저자인지를 시사하는 구절이 전혀 없다. 따라서 주석가들의 의견은 매우 다양하다.

19. 詩篇 - 시편

[주요내용] 시편은 모세로부터(B.C. 1410년경) 포로시대 후기(B.C. 430년경)의 에스라와 느헤미야에 이르기까지 광범위한 기간에 걸쳐서 완성되었다. 시편은 시간적으로, 주제별로 범위가 매우 넓어서 여러 상황에 있는 다양한 청중들을 위해 기록된 것으로 보아야 한다. 그러므로 시편은 각 편마다 분위기가 다르며, 따라서 모든 독자에게 적용될 수 있다.

시편은 수세기에 걸쳐서 5권으로 묶여졌다. 시들이 기록됨에 따라 어떤 것들은 이스라엘의 예배에 사용되기도 했다.

[명칭유래] 詩篇(시편, Psalms, Tehilim תהילים)이라는 명칭은 '가락이 있는 글'을 뜻한다. 곧 '시'라는 말이다. '사서삼경'에서는 '시경'이라고 표현을 했다. 옛날에는 신에게 제사를 지낼 때 시를 드렸다고 한다.

[저　　자] 유대교 전통은 시편이 다윗 왕의 작품이라고 보고 있다. 현대의 학자들은 시편이 여러 작가들에 의해 지어진 것이며, 다수는 저자가 알려지지 않았다고 여긴다.

20. 箴言 - 잠언

[주요내용] 잠언의 내용을 한 마디로 요약한다면 '지혜' 즉 '슬기로운 삶을 사는 능력'이라 할 수 있다. 그러나 불신 세계에서 경건한 삶을 산다는 것은 용이한 일이 아니므로 이와 관련해서 잠언은 하나님의 백성들이 일상생활의 실제적인 문제들을(하나님, 부모, 자녀, 이웃, 국가 등과 부딪히는 문제들) 적절히 처리할 수 있도록 하나님의 교훈을 상세히 제시하고 있다. 이 책의 주요 저자인 솔로몬은 시, 비유, 간단한 질문, 짧은 이야기, 격언 등 기억에 뚜렷이 남을 만한 표현법을 사용하여 삶의 문제들을 해결하는 데 필요한 상식 및 하나님의 권고를 기록하고 있다.

[명칭유래] 이 책의 히브리어 표제는 이스라엘의 최고의 지혜자이며 이 책의 주요 저자인 솔로몬의 이름을 따서 '미쉴레쉐로모' 즉 '솔로몬의 잠언'이라 했고, 헬라어 역본의 표제 역시 '파로이미아이 살로몬토스'인 '솔로몬의 잠언들'이라고 했다.

즉 箴言(잠언)이라는 명칭은 '사람이 살아가는 데 훈계가 되는 짧은 말'을 뜻한다.

[저　　자] 왕상 4:32에 따르면, 솔로몬은 3천 잠언과 1천 5편의 노래를 지었다. 그가 말한 3천 잠언 가운데 약 8백 잠언이 이 책에 수록되어있다. 따라서 잠언의

주요 저자로 솔로몬보다 더 적절한 사람은 없다.

21. 傳道書 - 전도서

[주요내용] 전도서의 핵심이 되는 낱말은 '헛됨', 즉 하나님을 떠나 행복을 추구하는 것이 전혀 허망하다는 것이다. 전도자(전통적으로는 이스라엘 역사상 가장 지혜롭고 부유하며, 가장 영향력이 컸던 왕 솔로몬이라고 여겨진다.)는 '해 아래'의 삶을 관망하고서, 인간적인 관점에서 그 모든 것이 헛되다고 선언한다. 하나님 자신이 아니고서는 권세, 인기, 명성, 쾌락 등 그 어느 것도 하나님이 인생 가운데 만들어 놓으신 그 공허함을 채울 수가 없다는 것이다. 그러나 일단 하나님의 관점에서 바라보게 되자 삶의 의미와 목적이 생기게 되고, 그리하여 솔로몬은 '먹고~, 마시며~, 기뻐하며~, 선을 행하고~, 낙을 누리고~, 하나님을 경외하고~, 하나님의 계명을 지키라(3:12~14)' 고 외치게 된다.

다시 말해 "인생이 해 아래서 행한 일은 헛되고 헛되지만 헛되지 아니한 일 하나가 있으니 곧 늙기 전에 여호와를 기억하는 것이다"라는 내용이다.

[명칭유래] 전도자로 번역된 히브리어 '코헬렛 קהלת' 은 아주 드문 용어로, '회중을 소집하다.', '회합하다.' 라

는 뜻의 히브리어 '카할 קהל'에서 파생된 낱말로서, '회중에게 말하는 자'라는 의미를 가지고 있다. 즉 傳道書(전도서)라는 명칭은 '말씀을 전하는 자', '설교자'를 뜻한다.

[저 자] 전도서의 저자가 솔로몬이라고 하는 데에는 여러 유력한 증거가 있다. 즉 전도서가 한 사람의 저작이라는 사실은 '코헬렛'에 관한 언급이 책 전체에서 7회나 반복되어 나타난다는 점으로도 알 수 있다.

22. 雅歌 - 아가

[주요내용] 아가는 솔로몬이 지은 연가로, 은유와 동방의 상징적 표현들이 풍부히 담겨 있다. 역사적으로 말하면, 아가는 한 여자 목자에 대한 솔로몬의 구혼과 결혼, 그리고 결혼 생활의 기쁨과 아픔을 묘사하고 있다고 할 수 있다.

그러나 비유적으로 말하면, 아가는 이스라엘을 '하나님의 신부'로, 교회를 '그리스도의 신부'로 묘사하고 있다. 인간의 삶이 남녀의 사랑에서 가장 완전하게 채워지는 것처럼 영적 삶은 자기 백성을 향한 하나님의 사랑과 교회를 향한 그리스도의 사랑 안에서 가장 완전하게 채워지는 것이다.

이 책은 세 명의 주요 배우가 등장하는 연극처럼 전개된다. 즉 신부(술람미 여자), 왕(솔로몬), 무리들(예루살렘 여자들)이다.

[명칭유래] 히브리어 본문의 표제는 '쉬르 핫쉬림' 즉 '노래 중의 노래'인데, 이것은 1:1에서 비롯되었다(한글개역 성경에는 '아가'로 되어 있다.). 70인역 성경의 표제는 '아스마 아스마톤'으로 '노래 중의 노래, 가장 훌륭한 노래'이다.

즉 雅歌(아가)라는 명칭은 '우아한 노래'를 뜻한다.

[저　　자] 비평가들은 이 책의 1:1의 '솔로몬의'를 '솔로몬에 대한'이라고 풀이하면서, 후기의 노래모음이라고 주장하여 솔로몬의 저작설을 강력히 부정한다. 그러나 이 책의 내적 증거는, 솔로몬이 저자라는 전통적인 견해를 강력히 지지하고 있다.

23. 以賽亞書 - 이사야

[주요내용] 이사야는 성경 전체의 축소판이라 할 수 있다. 처음 서른 아홉장(39권의 구약성경처럼)은 부도덕과 우상숭배에 대한 심판으로 가득 차 있다. 유다가 죄를 범하고, 주위의 열방이 죄를 범했으며, 온 땅이 죄를 범했다. 하나님은 이러한 뻔뻔스러운 죄악을 영원히 벌하시

지 않은 채 내버려 두지 않으실 것이므로 이에 대한 심판은 반드시 임하리라는 것이다. 그러나 나머지 스물 일곱장(27권의 신약성경처럼)은 소망의 메시지를 선포하고 있다. 곧 메시야가 구주와 주권자로서 오셔서 십자가를 지시고 면류관을 쓰시리라는 것이다.

[명칭유래] 이사야라는 이름은 본래 히브리어로 '예사야후 היעשי רפס' 또는 그 단축형인 '예시야' 인데 그 뜻은 '여호와는 구원이시다' 로서 이 책의 내용을 잘 요약해 주고 있다.

그리고 한문표기 以賽亞(이새아)는 '이사야' 의 가차법에서 유래되었는데, 중국식 발음은 'yǐ sài yà 이사이야' 로서 그림의 표제 ISAIAH와 일치함을 알 수 있다.

[저　　자] 이 책의 저자인 예언자 이사야는 아모스의 아들로 유다 출신이며 예루살렘 사람이다(사 1:1). 그는 전통적인 자료들을 취하기 위하여 왕이나(사 7:3) 제사장(사 8:2) 등 다른 지도자들에게 쉽게 접촉할 수 있었던 것으로 보인다. 이사야는 고위직 가문 출신이나 왕족으로서 웃시야 왕의 사촌이거나 아마샤의 조카이었을 가능성이 높다.

24. 耶利米書 - 예레미야

[주요내용] 예레미야서는 청년 시절에 하나님의 부르심을 받은 아나돗 출신의 선지자가 예언한 것을 기록한 책이다. 예레미야는 40여년간 완고한 유대인들에게 심판의 예언을 선포했다. 동족들로부터 박해와 멸시를 받았던, 예레미야는 비판적인 그의 예언을 애타는 눈물로 얼룩지게 된다. 애끓는 심정에서 기록한 책이기에 예레미야서는 연대적으로, 주제별로 정리하기가 어려운 선지서다. 그는 가르침과 표적을 통해서 하나님의 뜻에 복종하는 길만이 닥쳐올 재난을 피할 수 있는 유일한 길임을 성실하게 선포한다.

[명칭유래] '이르메야후' 혹은 '이스메야'라는 히브리어는 '여호와가 던지신다.'라는 뜻으로 '기초를 놓는다.'는 의미인데, 좀더 구체적으로 말한다면 '여호와가 세우신다.', '지적하신다.', '보내신다.'로 볼 수 있다.

그리고 한문표기 耶利米(야리미)는 '예레미야'의 가차법에서 유래되었는데, 중국식 발음은 'yé lì mǐ 예리미'이다.

[저　　자] 이 책의 저자는 예레미야인데, 그는 제사장 힐기야의 아들로서 예루살렘의 북쪽 아나돗에서 살았다.

25. 耶利米哀歌 - 예레미야애가

[주요내용] 예레미야애가는 한 도시의 멸망을 읊은 조가(弔歌)다. 한때는 자랑스러운 도시였으나 이제는 바벨론의 침략으로 초토가 된 예루살렘을 눈물로 묘사한 노래다. 예레미야는 다섯 편의 시로 자신의 감정을 표현하고 있다. 즉 예루살렘은 전멸을 당해 황무해졌다는 것이다.

그는 애가를 히브리어 자모의 순서에 맞춰 지었다. 즉 매 장(章)마다 각 행의 첫 글자를 히브리어 첫 글자 '알렙'으로 시작했다. 이 무서운 살육 속에서도 예레미야는 '주의 성실이 크도소이다(3:23).'라고 의기양양하게 외치고 있다. 죽음과 파멸에 직면해서도 예레미야는 비극을 신앙의 승리로 바꾼다. 하나님은 과거에도 그를 실망시킨 적이 없었으며, 미래에도 계속해서 신실한 자로 남으실 것을 약속하셨다. 하나님의 빛 안에서 예레미야는 소망과 위로를 잃지 않는다.

[명칭유래] 이 책의 표제는 1, 2, 4장의 첫 단어 '아, 어찌하여!'라는 뜻의 '에카'에서 비롯되었다. 또한 '비가(悲歌)', '애가'라는 뜻의 히브리어 '기노트 תליגמ איכה'를 제목으로 사용하기도 한다. 헬라어 표제는 '드레노이'로 '조가(弔歌)' 또는 '애가(哀歌)'

라는 뜻이다.

그리고 한문표기 耶利米哀歌(야리미애가)는 '예레미야애가'의 가차법에서 유래되었는데, 중국식 발음은 'ye´ lì mǐ āi gē 예리미아이거'이다.

[저 자] 이 책에서는 저작의 이름이 나오지 않는다. 그러나 내적 증거와 외적 증거를 보면 예레미야가 저자임을 알 수 있다.

26. 以西結書 - 에스겔

[주요내용] 에스겔은 유다의 제사장이요, 선지자로서 유다왕국의 역사상 가장 비참한 시기, 즉 유다의 온 백성들이 바벨론에 포로로 끌려가 있던 70년 동안 포로의 땅 바벨론에서 하나님의 말씀을 듣고 비탄에 빠진 백성을 향하여 사역했던 인물이다.

에스겔은 예루살렘이 최후 공격을 받기 이전에 바벨론에 포로로 끌려갔는데 그는 예언, 비유, 상징, 표징 등을 사용하여 포로가 된 백성들에게 하나님의 메시지를 극적으로 전달했다. 유다가 마른 뼈와 같이 되었으나 하나님은 그들을 다시 한 민족을 이루게 하실 것이다. 즉 그들의 현재 고통 뒤에는 미래의 영광이 따를 것인데, 그것은 '너희로 나를 여호와인 줄 알게 하려 함이니라(6:7)' 이다.

[명칭유래] 이 책의 표제어는 히브리어 '예헤즈켈(에스겔)' 은 '하나님께서 강하게 하신다.' 혹은 '하나님에 의해서 강대하여지다.' 라는 의미다.

그리고 한문표기 以西結(이서결)은 '에스겔' 의 가차법에서 유래되었는데, 중국식 발음은 'yǐ xī jié 이스지에' 이다.

[저　　자] 에스겔이 저자가 아니라는 견해가 제기되고 있기는 하지만, 에스겔이 저자라는 강력한 사실을 전복시킬 만한 반증은 나오지 않는다.

27. 但以理書 - 다니엘

[주요내용] 다니엘의 생애와 활동은 70년이라는 바벨론 포로 기간을 연결해 주는 가교가 된다. 16세에 바벨론으로 끌려가 관리로 발탁된 다니엘은, 유다인과 이방인들을 향하여 하나님의 현재와 미래의 뜻을 전하는 대언자가 되었다. 이 책은 12장 중 9장이 꿈을 중심으로 하여 구성되어 있는데, 이 꿈에는 나무, 짐승, 맹수, 형상 등 하나님께서 보여주신 이상들이 나타난다. 다니엘은 자신의 개인적인 경험들과 계시적인 이상을 통하여 인간의 생활 속에서 함께 하시

는 하나님의 인도와 섭리, 권능을 보여주고 있다.

[명칭유래] 이 책의 표제인 다니엘이라는 히브리어 이름은 '하나님은 나의 심판자이심'이라는 뜻이다.
그리고 한문표기 但以理(단이리)는 '다니엘'의 가차법에서 유래되었는데, 중국식 발음은 'dàn yǐ lǐ 단이리'이다.

[저　　자] 다니엘서는 다니엘 자신이 쓴 것으로 나타나며 (12:4), 7:2 이하에서는 마치 자서전 형식처럼 1인칭이 사용되고 있다.

28. 何西書 - 호세아

[주요내용] 호세아가 활동하던 시기에 이스라엘은 외적으로 번영과 성장을 누리고 있었으나 내적으로는 도덕적 부패와 영적인 간음이 만연했다. 호세아는 고멜이란 여인과 결혼하도록 하나님의 지시를 받았다. 호세아의 가정생활은 하나님에 대하여 신실치 못한 이스라엘 백성들의 생활을 정확히 극화한 표본이 된다. 반세기에 걸친 예언 활동을 통해 그는 삼중의 메시지를 반복해서 선포하였다. 즉 하나님은 자기 백성들의 죄를 싫어하시며, 심판은 확실하다는 것, 하나님의 신실하신 사랑은 변함이 없다는 것이다.

[명칭유래] 이 책의 표제 히브리어 '호세아 הוֹשֵׁעַ' 라는 이름은 '구원' 을 뜻하는데, 호세아, 여호수아, 예수 등의 이름은 같은 히브리어 어원에서 나온 것이다. '여호수아' 와 '예수' 라는 이름은 '여호와는 구원이시다' 라는 의미까지 포괄하고 있다.

그리고 한문표기 何西(하서)는 '호세아' 의 가차법에서 유래되었는데, 중국식발음은 'hé xī 허시' 이다.

[저　　자] 이 책의 저자인 호세아(Hosea, הוֹשֵׁעַ)는 브에리의 아들이며, 기원전 8세기에 활동한 이스라엘의 예언자이다.

29. 約耳書 - 요엘

[주요내용] 남왕국 유다는 아무런 경고도 없이 재난을 당했다. 불길한 검은 구름, 즉 무서운 메뚜기 떼가 온 대지를 뒤덮었다. 시간이 지나감에 따라 푸른 것은 모두 없어지고 앙상한 가지들만 남아 있게 되었다. 요아스 시대(B.C. 835~796)의 하나님의 대변인인 요엘은 하나님의 말씀을 선포하기 위해 이 재난을 예로 들었다. 메뚜기 떼의 재난이 죄에 대한 무서운 심판이었지만, 앞으로 주의 날에 내릴 하나님의 심판에 비추어 보면 그 의미는 희미해진다. 그날에 하

나님은 대적들을 쳐부수고 신실한 자들에게 비할 수 없는 은혜를 베푸실 것이다.

[명칭유래] 히브리어 '요엘'이라는 이름은 '여호와는 하나님이시다'라는 의미다. 헬라어와 라틴어 표제도 요엘이다.

그리고 한문표기 約耳(약이)는 '요엘'의 가차법에서 유래되었는데, 중국식발음은 'yāo ěr 야오얼'이다.

[저　　자] 저자는 요엘인데, 성경에는 요엘이라는 이름을 가진 사람이 여러명 있지만, 선지자 요엘에 대해서는 이 책을 통해서만 알려지고 있다.

30. 亞摩士書-아모스

[주요내용] 아모스는 이스라엘이 국가적으로 태평성대를 구가할 때에 예언활동을 하였다. 백성들의 사업은 번창하고 국토는 확장되었다. 그러나 내적으로는 부정과 탐욕이 가득했다. 참된 예배 대신에 위선적인 종교 행사들이 성행했고 이스라엘은 선민이기 때문에 안전할 것이라는 그릇된 풍조가 만연했으며 점차 하나님의 연단하시는 손길에 대해서도 무감각해 갔다. 기근, 한해, 질병, 죽음, 파괴, 그 어떤 것으로도 사람들의 교만한 마음을 꺾을 수 없었다.

농부로서 선지자의 소명을 받은 아모스는 준엄하게 백성들의 죄악을 꾸짖고 하나님의 심판이 멀지 않았음을 선포하면서 온 민족이 회개하도록 하기 위해 노력하였다. 이스라엘은 썩은 과일을 담은 바구니와도 같이 영적인 무관심과 위선으로 인해 점점 심판의 때가 무르익었다.

[명칭유래] 아모스라는 이름은 '짐' 또는 '짐진 자'라는 뜻으로 '짐을 들어 올림', '운반함'이라는 뜻을 가진 히브리어 '아마스'에서 파생된 것이다.
그리고 한문표기 亞麽士(아마사)는 '아모스'의 가차법에서 유래되었는데, 중국식 발음은 'yà má shì 야마스'이다.

[저　　자] 이 책의 저자인 아모스란 이름은 구약성경을 통틀어 오직 이 책에서만 나타난다(이사야의 아버지 아모스와 혼동하기 쉬움). '나는 선지자가 아니며 선지자의 아들도 아니요 나는 목자요 뽕나무를 배양하는 자(7:14)'라는 아모스 자신의 고백은 그의 출신 배경을 잘 대변해 주고 있다.

31. 阿巴底書 - 오바댜

[주요내용] 오바댜는 구약성경 중 가장 짧지만(모두 21절), 구약성경 중 가장 강경한 심판의 예언을 선포하는 책의 하나다. 쌍둥이 형제 에서와 야곱의 싸움은 어머니 뱃속에서부터 시작하여, 그들의 후손인 에돔 족속과 이스라엘 족속의 싸움으로 이어진다. 에돔 족속은 첫 번째는(민 20:14~21) 이스라엘이 출애굽하여 광야에서 방랑할 때 도와 달라는 청을 단호히 거절했고, 그 뒤 에돔이 이스라엘을 침략했던 때도 도와 달라는 요청을 거부했기 때문에 오바댜로부터 가차없는 비난을 받았다. 별로 알려지지 않은 이 선지자는 에돔의 범죄를 기술하고 그 진상을 밝히며 심판, 즉 완전한 멸망을 선포한다.

[명칭유래] 히브리어 표제인 '오바디아'는 '여호와를 예배하는 자' 또는 '여호와의 종'이라는 의미다. 70인역의 헬라어 표제는 '옵디우'이다.

그리고 오바댜의 한문표기 阿巴底(아파저)는 '오바댜'의 가차법에서 유래되었는데, 중국식 발음은 'ā bā dǐ 아바디'이다.

[저　　자] 이 책의 저자 오바댜는 남왕국 유다에 살았던 것으로 추측할 뿐 정확히 알 수는 없다. 그의 고향이나 가족에 대해 알려진 것이 전혀 없으며, 그의 부친에

대한 언급이 없는 점으로 보아(1:1), 그가 왕이나 제사장 계열에서 태어나지 않은 것만은 분명하다.

32. 約拿書 - 요나

[주요내용] 아시리아의 수도인 니느웨(니네베, 지금의 이라크에 있음)는 이스라엘 북동쪽에 있다. 하나님이 사악한 니느웨 사람들을 회개시키기 위해 요나를 부르셨을 때, 요나는 하나님의 자비가 뒤따르리라는 것을 알고 있었다. 그는 자신의 사명을 내던지고 다시스로 향했다. 그러나 하나님은 일단 그의 혈기를 꺾으신 다음(즉 그를 배에서 물속으로 던져 넣으심으로써) 하나님이 그를 보호하고 계심을 보여주시자(큰 물고기가 그를 삼켜 물에 빠져 죽지 않았다.), 결국 요나는 하나님의 명령이 중대하다는 사실을 깨닫게 된다. 니느웨는 분명히 여호와 하나님의 말씀을 들어야만 했다. 그래서 요나는 니느웨로 가서 하나님의 말씀을 선포한다. 요나의 경고로 말미암아 니느웨 사람들은 베옷을 입고 단식을 하며 회개한다. 요나는 하나님이 그들에게 재앙을 내리시지 않자, 화를 내며 낙심한다. 그러나 그는 하나님이 죄인들을 불쌍하게 생각하신다는 사실을 깨달아야만 했다.

[명칭유래] 히브리어 '요나'는 '비둘기'라는 뜻인데, 70인역에

서는 이 말을 '오나스'로 음역했다.

그리고 한문표기 約拿(약나)는 '요나'의 가차법에서 유래되었는데, 중국식발음은 'yāo ná 야오나'이다.

[저　　자] 저자인 요나는 1:1에서 '아밋대의 아들'로 소개된다. 그리고 열왕기하 14:25에 이스라엘 왕 여로보암 2세 때의 선지자라고 기록되지 않았다면 그에 대해 더 이상 알 수 없었을 것이다.

33. 米迦書 - 미가

[주요내용] 미가는 고향집에서 선지자의 소명을 받아, 예루살렘의 방백과 백성에게 내릴 준엄한 심판의 메시지를 전하기 위하여 고향을 떠났다. 부와 권력을 가진 소수에 의해 다수의 가난한 백성들이 억눌리고 시달리는 현실에 분노한 선지자 미가는 사회적, 정치적 지위를 이용하여 사리사욕을 채우려는 자들에 대해 신랄한 비난을 퍼부었다. 전편에 걸쳐 하나님이 그의 백성들에게 '오직 공의를 행하며 인자를 사랑하며 겸손히 네 하나님과 함께 행하라고(6:8)' 요구하시는 뜻이 명백히 드러난다.

[명칭유래] '미가'라는 이름은 히브리어 '미카야후'로 '누가

하나님과 같으냐?' 의 뜻이다. 헬라어 표제는 '메이카이아스' 이다.

그리고 한문표기 米迦(미가)는 '미가' 의 가차법에서 유래되었는데, 중국식 발음은 'mǐ jiā 미지아' 이다.

[저 자] 이 책의 저자인 미가의 고향 가드모레셋(1:14)은 예루살렘으로부터 남서쪽으로 40km가량 떨어진 유다와 블레셋의 접경 지대에 위치해 있다. 아모스와 마찬가지로 미가도 시골사람이었다.

34. 拿翁書 - 나훔

[주요내용] '무릇 많이 받은 자에게는 많이 찾을 것이요 많이 맡은 자에게는 많이 달라 할 것이니라(눅 12:48)'. 니느웨는 유일하신 참 하나님을 아는 특권을 부여받게 되었다. 요나의 외침으로 이 거대한 이방 도시는 회개하게 되었고, 하나님은 은혜를 베풀어 심판을 멈추셨다. 그러나 100년이 지난 후, 나훔은 이 도시의 멸망을 예언한다. 앗수르 사람들은 과거의 신앙 부흥 운동을 다 잊고, 불법과 우상숭배와 교만한 죄로 되돌아가고 만다. 그 결과, 바벨론이 이 도시를 멸망시킬 것이며, 그 도시는 흔적조차 남지 않을 것이라는 나훔의 예언은 애처로울 만큼 정확

하게 성취된다.

[명칭유래] 히브리어 '나훔 נַחוּם' 은 '안락함', '위로' 라는 뜻으로, '하나님의 위로' 라는 뜻의 '느헤미야' 의 축약형이다. 헬라어 표제로는 '나오옴' 이다.
그리고 한문표기 拿翁(나옹)은 '나훔' 의 가차법에서 유래되었는데, 중국식 발음은 'ná wēng 나웽' 이다.

[저　　자] 이 책의 저자 '나훔' 은 '엘고스 사람' 으로 구약성경에서 유일하게 1:1에서만 언급된다.

35. 哈巴谷書 - 하박국

[주요내용] 하박국은 유다가 '죽음의 고통' 을 당하는 시기에 예언 활동을 하였다. 그는 백성들에게 회개하기를 끊임없이 촉구했으나, 그들은 완악하여 죄악의 길을 돌이키려 하지 않았다. 하박국은 이 견딜 수 없는 상황이 얼마나 계속되어야 하는가를 하나님께 묻는다. 하나님은 바벨론의 유다를 징벌하는 회초리가 될 것이라고 대답하신다. 하박국은 '의인은 믿음으로 말미암아 살리라는 것을 알고 있었다(2:4)'. 그는 하나님이 백성들을 징벌하시는 방법에 대해서 충분히 이해하지는 못하나 하나님의 지혜를

찬양하며 이 책을 끝맺는다.

[명칭유래] '하박국 חֲבַקּוּק'은 흔하지 않은 히브리식 이름으로, '껴안다'라는 뜻의 히브리어 동사 '하바크'에서 파생된 이름이다. 그러므로 하박국이라는 이름은 '껴안는 자' 또는 '의지하는 자'라는 뜻이다. 그리고 한문표기 哈巴谷(합파곡)은 '하박국'의 가차법에서 유래되었는데, 중국식 발음은 'hā bā gǔ 하바꾸'이다.

[저　　자] 이 책은 서두(1:1)와 끝부분의 시(3:1)에서 저자가 선지자 하박국 자신임을 밝히고 있다. 이 같은 특별한 언급은 하박국이 직업적인 선지자였음을 나타내기 위한 것인 듯하다.

36. 西番雅書 - 스바냐

[주요내용] 유다가 정치적, 종교적으로 진통을 겪고 있는 동안 종교개혁이 때때로 일어난다. 요시아 시대에도 종교개혁이 있었는데, 그것은 아마도 스바냐의 힘있는 예언이 요인으로 작용했을 것이다. 이때의 '신앙 부흥운동'은 외적인 변화는 가져왔으나 이스라엘 민족의 특성을 드러내는 내적인 타락은 완전히 제거하지 못했다.

스바냐는 백성들의 죄악이 다스려질 여호와의 날, 곧 심판의 날이 임박했다는 메시지를 되풀이해서 준엄하게 선포한다. 이스라엘과 주위의 열방은 곧 하나님의 진노의 손질을 체험하게 된 것이다. 그러나 응징이 끝나면 메시야를 통해 복을 받게 되며, 그로 인해 찬양과 노래를 부르게 될 것이다.

[명칭유래] 스바냐라는 이름은 히브리어 '츠판야'에서 유래한 이름으로 '여호와가 숨기신다.', '여호와가 숨기셨다.'는 뜻이다. 헬라어 표제는 '소포니아스'다.

그리고 한문표기 西番雅(서반아)는 '스바냐'의 가차법에서 유래되었는데, 중국식 발음은 'xī fañ yǎ 시판야'이다.

[저　　자] 스바냐가 1:1에서 자신이 히스기야의 4대손(현손)이라고 밝히고 있는 점이 아주 특이하다. 보통 사람은 부친의 이름을 밝히는데 스바냐는 고조부까지 거명했다. 그것은 그가 유명한 왕의 후손임을 나타내려는 것이다.

"스바냐는 히스기야의 현손이요, 아마라의 증손이요, 그다랴의 손자요, 구시의 아들이었다."하고 밝히고 있다. 당시 요시야 왕과는 7촌 관계이고, 그의 조카가 된다. 그는 왕통을 이은 유일한 선지자이다.

37. 哈基書 - 학개

[주요내용] 과거 바벨론에 잡혀갔다가 귀환한 백성들과 새로 약속의 땅에 돌아온 유대인들이 있어서 성전 재건을 시작할 수 있었다. 그러나 백성들은 자신들의 생업 때문에 하나님의 사업에 전념치 못하여 공사를 시작한 지 16년이 지나도록 완공을 보지 못하고 있었다. 학개는 온 백성이 힘을 합해 성전공사를 끝마치도록 독려하기 위하여 열화 같은 일련의 메시지를 전한다. 그는 건축자들을 향하여 여호와 안에서 용기를 새롭게 하고, 삶의 거룩함을 새롭게 하며 미래를 주관하시는 하나님 신앙을 새롭게 하라고 촉구한다.

[명칭유래] '학개' 라는 말의 어원과 의미는 확실하지 않지만, 아마도 '여호와의 축제' 라는 뜻을 지닌 히브리어 '하끼아 חַגַּי' 의 축약형에서 유래한 듯 하다.

그리고 한문표기 哈基(합기)는 '학개' 의 가차법에서 유래되었는데, 중국식 발음은 'hā jī 하지' 이다.

[저　　자] 학개의 이름이 아홉 번 나오는데, 그것은 주제와 문체 및 저작연대가 일치하고 있음을 나타낸다. 그러므로 저자나 저작시기에 대해서는 이론의 여지가 없다.

38. 撒加利亞書 - 스가랴

[주요내용] 12년여의 세월이 흐르는 동안 성전재건 공사는 반 정도 진전되었다. 하나님은 스가랴로 하여금 아직도 성전공사를 끝마치지 못한 백성들에게 용기를 북돋워 주는 직무를 맡기셨다. 스가랴는 백성들을 힐책하는 대신 장래에 드러날 성전재건의 중요성을 일깨워 줌으로써 그들이 의욕적으로 일할 수 있도록 하였다. 미래에 메시야의 영광이 성전에 머물 것이기 때문에, 성전은 반드시 세워져야만 한다. 그러나 미래의 복은 현재 얼마나 순종하는가에 달려 있다. 백성들은 단순히 하나의 건물을 세우는 것이 아니라 미래를 건설하는 것이다. 스가랴의 이러한 동기 부여로 말미암아 백성들은 전심전력으로 성전 건축에 참여한다.

[명칭유래] 히브리어 '스가랴 זְכַרְיָה'는 '하나님이 기억하신다.' 또는 '하나님이 기억하셨다.'는 의미이다.
그리고 한문표기 撒加利亞(살가리아)는 '스가랴'의 가차법에서 유래되었는데, 중국식 발음은 'sā jiā lì yà 사지아리야'이다.

[저 자] 이 책의 저자인 '스가랴'는 '하나님이 기억하신다.'의 뜻으로 구약성경의 인물 중 29명 이상이 있을 만큼 흔한 이름이었다. 아마도 이 이름은 남자

아이를 선물로 주신 하나님의 은혜를 감사한 데서 붙여진 듯 하다. 예레미야와 에스겔의 경우와 마찬가지로 스가랴 역시 제사장 가문에서 태어났으며, 그의 조부는 잇도이며 베레가였다.

39. 馬拉基書 - 말라기

[주요내용] 느헤미야 시대의 선자지인 말라기는 타락한 제사장들에 물들어 사악한 행위를 일삼으며, 하나님의 선민이라는 그릇된 특권의식에 빠져 있던 백성들에게 심판의 메시지를 전하였다. 말라기는 문답식 방법으로 백성들의 위선, 불신, 이방인과의 결혼, 이혼, 거짓 예배, 오만함 등의 문제를 깊이 있게 다루었다. 당시의 사회는 하나님의 말씀에도 아무런 충격을 받지 않을 만큼 죄악이 만연해 있어서 백성들이 하나님의 말씀으로부터 아무 감명도 받지 못했다. 말라기 선지자의 경고가 있은 후 400년 동안 하나님은 침묵하셨다. 그후 세례 요한의 출현과 더불어 비로소 하나님은 선지자의 음성을 통하여 이스라엘 백성과의 대화를 다시 시작하셨다.

[명칭유래] '말라기(나의 전달자)' 라는 이름은 아마도 '여호와의 전달자' 라는 의미를 지닌 히브리어 '말라카

מַלְאָכִי'의 단축형으로 보여진다.

그리고 한문표기 馬拉基(마랍기)는 '말라기'의 가차법에서 유래되었는데, 중국식 발음은 'mǎ lā jī 마라지'이다.

[저　　자] 이 책의 저자 말라기라는 이름은 구약성경 전체를 통틀어 오직 1:1에만 나오고 있다.

4 | 신약성경

1. 馬太福音 - 마태복음

[주요내용] 이 복음서는 한 유대인이 유대인들에게 한 유대인에 대해 기록한 복음서이다. 다시 말해서 마태가 저자이고, 독자는 그의 동족이며 주제는 바로 예수 그리스도이다. 마태의 의도는 예수를 유대인의 왕이며 오랫동안 기다렸던 메시야로 나타내려는 데 있다. 마태는 구약성경을 아주 조심스럽게 인용하면서 예수 그리스도가 메시야라는 사실을 증거한다. 예수의 계보, 세례, 메시지, 기적 등 모든 것이 피할 수 없는 동일한 결론, 즉 그리스도가 왕이시라는 결론을 지향하고 있다. 패배인 것 같이 보이는 예수의 죽음조차도 부활의 사건에 의해 승리로 바꾸어지고 그로 말미암아 유대인의 왕은 살아계신다는 메시지가 다시 메아리친다.

[명칭유래] 이 복음서의 초기의 헬라어 본문 표제는 '카타 마타이온' 즉 '마태에 의한'이었다. '주의 선물'이라는 뜻의 '마태'는 레위라는 이름으로 불리었다.

그리고 한문표기 馬太(마태)는 '마태'의 가차법에서 유래되었는데, 중국식 발음은 'mǎ taì 마타이'이다. 그리고 '福音(복음)'이란 '복된 말씀'이라는 말이다. 마태복음부터 누가복음까지를 '한 가지 공(共)' 자와 '볼 관(觀)' 자를 써서 '공관복음'이라고도 한다. 내용면에서 비슷하여 같기 때문에 '한 가지로 본다.'는 말이다.

[저　　자] 초대교회는 한결 같이 이 복음서를 마태가 기록했다고 인정했다. 마태는 알패오의 아들(막 2:14)로 로마 정부를 위해 가버나움에서 세금을 거두는 세리였다.

2. 馬可福音 - 마가복음

[주요내용] 마가복음의 메시지는 '인자의 온 것은 섬김을 받으려 함이 아니라 도리어 섬기려 하고 자기 목숨을 많은 사람의 대속물로 주려 함이니라(10:45)'는 단 한 구절로 요약할 수가 있다. 마가복음은 장을 거듭할수록 그리스도의 생애의 두 가지 초점, 즉 봉사와 희생이 드러나고 있다.

마가는 예수를 아버지의 뜻에 즉각적으로 순종하며 항상 움직이는 종으로 묘사하고 있다. 예수는 가르치고, 설교하고, 병 고치시면서 죽으실 때까지 다른 사람들의 필요한 것을 위해 사역하신다. 부활하신 후 예수는 자신을 따르던 제자들에게 자신의 권세로 자신의 사역을 계속할 것을 명령하신다. 즉 완전하신 종의 발걸음을 따라가라는 것이다.

[명칭유래] 이 복음서의 초기의 헬라어 본문 표제는 '카타 마르콘' 으로 '마가에 의한' 이었으며, 저자는 라틴어 이름인 '마르쿠스' 로 잘 알려져 있다. 그러나 유대인 사회에서는 히브리어 이름인 '요한' 으로 불리었다. 그리고 한문표기 馬可(마가)는 '마가' 의 가차법에서 유래되었는데, 중국식발음은 'mǎ kě 마커' 이다.

[저　　자] 이 책의 저자인 마가의 모친은 마리아로 예루살렘에 신자들이 모임을 가질 수 있는 큰 집을 소유하고 있었다(행 12:12).

3. 路加福音 - 누가복음

[주요내용] 의사인 누가는 마치 한 가정의 주치의처럼 연민의 정과 온화함으로 인자하신 예수 그리스도의 완전한 인성을 조심스럽게 기록하고 있다. 누가는 예수의 조상, 탄생, 초기 생애를 강조하고 나서 지상사역을 조심스럽게 연대기적으로 서술한다. 한편으로는 믿음이 커가고 다른 한편으로는 인자에 대한 적대감도 커간다. 그러므로 믿는 자들은 제자가 되기 위하여 커다란 댓가를 감수해야 한다. 한편 반대하

는 자들은 인자가 십자가에 달려 돌아가실 때까지 만족하지 않을 것이다. 그러나 주의 목적 즉 '잃어버린 자를 찾아 구원하려함이니라'는 것이 반드시 이루어질 것이라는 사실이 부활로 말미암아 분명히 확증된다.

[명칭유래] 아주 초기에 이 복음서에 '카타 루콘' 즉 '누가에 의한'이라는 표제가 붙어 있었다. 헬라어 이름인 '루카스'는 신약 성경에 세 번 나타난다.

그리고 한문표기 路加(로가)는 '누가'의 가차법에서 유래되었는데, 중국식 발음은 'lù jiā 루지아'이다.

[저　　자] 이 책의 저자 가는 헬라파 유대이었을지도 모른다. 그러나 그가 이방인이었을 가능성도 크다.

4. 約翰福音 - 요한복음

[주요내용] 동전에 두 면이 있는 것처럼 예수 그리스도에게도 두 가지 본성, 즉 신성과 인성이 있다. 누가는 그리스도를 '인자'로 묘사함으로써 그의 인성을 나타냈으며, 요한은 그리스도를 '하나님의 아들'로 묘사하여 그의 신성을 드러내고 있다. 즉 그리스도의 신성을 부각시킴으로써 독자들로 하여금 신실한 믿음을 지니도록 하려는 것이다. 요한복음은 연대기

적이 아닌 주제별로 전개된다. 그리고 7가지 이적과 '나는…' 으로 시작하는 7번의 그리스도의 말씀을 기록하고 있다.

요한은 다락방에서의 마지막 만찬과 그곳에서의 가르침에 대해 목격자로서 상세히 묘사한 후에 예수 그리스도가 과연 그의 주장대로 하나님의 아들이시라는 결정적인 증거, 즉 부활에 이르는 사건들을 기록한다.

[명칭유래] 요한복음도 공관복음의 표제와 똑같이 헬라어로 '카타요아넨' 즉 '요한에 의한' 이란 표제가 붙여졌다. '요아네스' 라는 헬라어는 히브리어 이름인 '요하난' 에서 파생된 것인데, 이 뜻은 '여호와가 은혜를 베푸셨다.' 이다.

그리고 한문표기 約翰福音(약한복음)은 '요한복음' 의 가차법에서 유래되었는데, 중국식 발음은 'yāo hàn fú yīn 야오한푸인' 이다.

[저 자] 이 복음서의 제자는 예수의 '사랑하는 제자' 와 동일시되는 '요한' 이다. 그는 팔레스타인의 지리와 유대인의 관습을 잘 알고 있다는 것으로 미루어 팔레스타인에 거주하는 유대인이며, 숫자에 대해 세심한 관심을 두고 있는 점으로 그는 사건을 직접 목격했음이 틀림없다.

5. 使徒行傳 - 사도행전

[주요내용] 예수가 제자들에게 마지막으로 부탁하신 '너희가 권능을 받고 예루살렘과 온 유대와 사마리아와 땅 끝까지 이르러 내 증인이 되리라(1:8)' 는 말씀은 가장 중요한 지상 명령이다. 누가가 기록한 사도행전은 예수의 이 지상 명령에 순종하여 부활하신 구세주의 소식을 이 세상 구석구석까지 전파하기 시작한 사람들에 관한 이야기다.

누가는 누가복음을 끝마친 곳에서 사도행전을 시작하고 있다. 사도행전에는 신약 교회의 시작과 성장이 기록되어 있고, 마 28:19, 20에 언급된 지상 명령의 첫 성취가 기록되어 있다. 사도행전에는 그리스도의 승천에서부터 성령 강림으로 인해 예루살렘에서부터 로마 전역에 복음이 전파되기까지 그리스도교 초기 역사의 중요 사건들이 기록되어 있다.

[명칭유래] 누가가 두 부분으로 기록한 한 권의 책 가운데 두 번째 부분인 이 사도행전에는 별도의 이름이 없었던 것 같다. 그러나 현재까지 발견된 모든 헬라어 사본에는 '프락세이스' 즉 '행전' 이라는 표제로, 보통 헬라 문학에서 탁월한 인물들의 업적을 요약하여 말할 때 사용되었다. '사도행전' 과 같이 확대된 제목이 붙어 있다.

즉 使徒行傳(사도행전)은 '사도들이 복음을 전한 행적'이라는 뜻이다.

[저　　자] 사도행전의 저자는 누가이다. 즉 누가는 데오빌로에게 보낸 복음서인 누가복음서에서는 예수의 복음과 행적을 기록하고, 사도행전에서는 예수 운동이 어떻게 진행되었는가를 기록하고 있다.

6. 羅馬人書 - 로마서

[주요내용] 바울의 대작인 로마서는 신약성경에 수록된 그의 13개 서신 중 제일 먼저 나온다. 4복음서가 예수 그리스도의 말씀과 사역에 관하여 기록하고 있다면, 로마서는 예수 그리스도의 희생적 죽음의 의의에 대하여 서술하고 있다. 바울은 질의와 응답의 형식을 취하면서 성경의 교리를 가장 조직적으로 설명하고 있다. 그러나 로마서는 신학서 이상의 의미를 지닌다. 즉 로마서는 실제적인 권면의 책이기도 하다. 예수 그리스도의 복음은 그저 믿음으로 받아들이기만 하면 되는 것이 아니다. 그 믿음에 합당한 삶, 즉 '그리스도 예수 안에 있는 구속으로 말미암아 하나님이 은혜로 값없이 의롭다 하심을 얻은 자(3:24)'에게 요구되는 의로운 삶을 살아야

하는 것이다.

[명칭유래] 로마서라는 표제는 처음부터 인정되어 왔는데, '프로스 로마아우스' 즉 '로마에 있는'이라는 말이 없는 사본도 있다.

그리고 한문표기 羅馬人書(라마인서)는 '로마서'의 가차법에서 유래되었는데, 중국식 발음은 'luó mǎ rén shū 뤄마런슈'이다.

[저 자] 로마서의 저자는 바울로서 그는 예루살렘에 있는 가말리엘의 문하에서 신학을 배웠다. 바울은 지식인이었을 뿐만 아니라, 자신이 나면서부터 로마 시민임을 자랑스럽게 여겼다.

7. 哥林多人前書 - 고린도전서

[주요내용] 사도 바울 당시의 고린도는 헬라의 가장 중요한 상업도시로서 무역이 번창했으며, 문화가 뒤떨어져 있고 우상숭배가 성행했다. 바울은 이곳에다 한 교회를 세웠다(행 18:1~17). 고린도전후서는 '고린도에 있는 하나님의 교회'에 보낸 서신이다.

고린도전서는 이교도 사회에서 야기된 교회의 문제와 압력과 투쟁을 다루고 있다. 바울은 고린도 교회의 생활양식에 있어서 다양한 문제들, 즉 분파,

송사, 부도덕, 의식, 주의 만찬에 대한 남용, 영적 은사 등에 대하여 언급한다. 바울은 교훈 외에도 고린도 신자들이 제기한 질문에 대한 답변을 통해 권고하고 있다.

[명칭유래] 이 서신의 최초의 표제는 '프로스 코린디우스 알파'로 '고린도전서'이다. 여기에서 '알파'라는 단어는 이 책을 고린도후서와 구별하기 위해 첨가된 것이 분명하다.

그리고 한문표기 哥林多人前書(가림다인전서)는 '고린도전서'의 가차법에서 유래되었는데, 중국식 발음은 'gē lín duō rén qián shū 거린둬런치앤 슈'이다.

[저　　자] 고린도전서의 저자는 바울이다.

8. 哥林多人後書 - 고린도후서

[주요내용] 고린도 교회는 바울의 첫 서신을 받은 이후 바울을 배척하도록 선동한 거짓 교사들에 의해 흔들리게 되었다. 그들은 바울이 변덕스럽게 거만하여, 외모나 언사가 출중하지 못하고, 정직하지 않으며, 예수 그리스도의 사도로서 자격이 없다고 주장했다. 바울은 디도를 고린도에 보내 이 문제들을 해결하

도록 했으며, 그가 돌아와 고린도 교회의 자세가 변했다는 소식을 전하자 기뻐했다. 바울은 회개한 다수에게는 감사를 표하고, 아직도 거역하는 소수에 대해서는 자신의 권위를 받아들이도록 권고하기 위해 이 서신을 썼다. 바울은 자신의 행위와 성품과 예수 그리스도의 사도로 부름받았음을 서신 전반에 걸쳐서 변호하고 있다.

[명칭유래] 이 서신은 고린도전서와 구별하기 위해 '프로스 코린디우스 베타' 즉 '고린도후서'라는 표제가 붙어 있다. 여기에서 '베타'라는 단어는 후에 첨가되었을 것이다.

그리고 한문표기 哥林多人後書(가림다인후서)는 '고린도후서'의 가차법에서 유래되었는데, 중국식 발음은 'gē lín duō rén hòu shū 거린둬런허우슈'이다.

[저　　자] 고린도후서의 저자는 바울이다.

9. 加拉太人書 - 갈라디아서

[주요내용] 바울은 갈라디아 사람들이 믿음으로 그리스도를 알기 시작한 이후 점차 행위에 의존하는 경향이 늘어나므로, 이를 막기 위해 갈라디아서를 기록하였

다. 그러므로 이 서신은 행위의 복음에 대한 확고한 변호라 할 수 있다.

바울은 이 서신에서 자신이 하나님으로부터 세움을 받은 사도임을 밝히고 구원의 은총은 율법의 행위로서가 아니라 믿음을 근거로 주시는 것이라는 사실을 명백히 한다. 율법은 사람을 속박(죄인이라고 선포)하지만, 믿음은 사람을 자유케 하여 그리스도 안에서 해방을 누리게 한다. 그리스도 안에서의 자유는 방종이 아니라 성령의 인도함을 받은 생활을 통해 의의 열매를 맺는 자유를 뜻한다.

[명칭유래] 이 서신의 헬라어 본문 표제는 '프로스 칼라타스'로 '갈라디아인에게'이다.

그리고 한문표기 加拉太人書(가랍태인서)는 '갈라디아서'의 가차법에서 유래되었는데, 중국식 발음은 'jiā lā tài shū 지아라타이슈'이다.

[저　　자] 이 서신이 바울 한 사람의 저서라는 사실에 대해서는 전혀 의의가 없다.

10. 以弗所人書 - 에베소서

[주요내용] 에베소서는 예수 그리스도 안에서 측량할 수 없을 만큼 부요함을 누리면서도 그러한 사실을 깨닫지

못하고 영적인 거지로서 살아가는 신자의 무리들에게 보낸 편지다.

1-3장에는 명령이 전혀 없고 오로지 하나님이 주신 은혜에만 초점을 맞춘다. 그러나 4-6장에는 35개의 명령이 있어서 신자에게 그의 개인적인 부르심에 따라서 행할 책임이 있음을 말하고 있다. 그러므로 에베소서는 하늘에서 시작하여 가정에서, 그리고 일상생활에서 끝맺는다.

[명칭유래] 이 서신의 전통적인 표제는 '프로스 에페시우스', 즉 '에베소인들에게' 다.

그리고 한문표기 以弗所人書(이불소인서)는 '에베소서' 의 가차법에서 유래되었는데, 중국식 발음은 'yǐ fú suǒ rén shū 이푸슈오런슈' 이다.

[저　　자] 이 서신이 바울 한 사람의 저서라는 사실에 대해서는 전혀 의의가 없다.

11. 腓立比人書 - 빌립보서

[주요내용] 바울은 빌립보의 교인들이 어려움에 처해 있는 자기를 도와준데 대해 감사의 글을 써 보내면서 이 기회를 통해 그리스도인의 연합에 관한 몇 가지 교훈을 덧붙인다. 그의 중심 사상은 아주 간단하다.

즉 그리스도 안에서만 참된 연합과 기쁨이 있으리라는 것이다. 그리스도를 겸손과 섬김의 모범으로 삼을 때 목적, 태도, 목표, 노력의 하나됨을 맛볼 수 있다. 바울은 이 진리를 자신의 삶을 예로 들어 설명한다.

[명칭유래] 이 서신의 헬라어 표제는 '프로스 필립페시우스' 즉 '빌립보 사람들에게'이다.

그리고 한문표기 腓立比人書(비립비인서)는 '빌립보서'의 가차법에서 유래되었는데, 중국식 발음은 'féi lì bǐ rén shū 페이리비런슈'이다.

[저　　자] 빌립보서는 바울 외에 다른 사람이 썼다는 가정은 있을 수 없다. 빌립보 교회는 바울이 마게도니아에 세운 최초의 교회였다.

12. 哥羅西人書 - 골로새서

[주요내용] 에베소서를 '그리스도의 교회'를 묘사한 서신이라고 한다면, 골로새서는 분명히 '교회의 그리스도'를 묘사한 서신이라고 할 수 있다. 에베소서는 몸이신 그리스도에 초점을 맞추고 있지만, 골로새서는 머리이신 그리스도에 초점을 맞추고 있기 때문이다. 골로새서의 목적은 그리스도가 탁월하시다는

것(만물 중에서 가장 먼저 나셨고, 만물의 으뜸이심)과 그리스도인의 삶은 그의 탁월하심을 나타내야 한다는 것을 보여주기 위한 것이다.

[명칭유래] 이 서신의 표제는 1:2의 '프로스 콜로사에이스' 즉 '골로새에 있는'이라는 표현을 따라 그대로 붙여졌다.

그리고 한문표기 哥羅西人書(가라서인서)는 '골로새서'의 가차법에서 유래되었는데, 중국식 발음은 'gē luó xī rén shū 거뤄씨런슈'이다.

[저　　자] 바울이 골로새서를 썼다는 점은 전통적으로 인정받고 있다.

13. 帖撒羅尼迦人前書 - 데살로니가전서

[주요내용] 바울은 갓 세워진 데살로니가 교회와 더불어 지냈던 때의 즐거운 기억을 많이 간직하고 있다. 그들이 박해에도 굴하지 않은 그들의 믿음, 소망, 사랑 및 인내는 가히 모범적인 것이었다. 갓 태어난 데살로니가 교회의 영적 부모로서 애쓴 바울의 수고가 큰 결실을 맺은 것이다. 데살로니가전서에는 이에 대한 바울의 감사와 그들에 대한 연민의 정이 줄줄이 드러나 있다.

[명칭유래] 이 서신은 바울이 데살로니가 교회에 보낸 두 통의 서신 중 첫 번째 것으로 헬라어 본문에는 '프로스 데살로니케이스 알파' 즉 '데살로니가전서'라는 표제가 붙게 되었다.

그리고 한문표기 帖撒羅尼迦人前書(첩살라니가인전서)는 '데살로니가전서'의 가차법에서 유래되었는데, 중국식 발음은 'tiē sā luó ní jiā qián shū 티에사뤄니지아치앤슈'이다.

[저　　자] 데살로니가전서는 바울의 서신이다.

14. 帖撒羅尼迦人後書 - 데살로니가후서

[주요내용] 바울이 첫 번째 편지(데살로니가전서) 이후 거짓 교리의 씨앗이 데살로니가 교인들 가운데 뿌려져 그들의 믿음이 흔들리게 되었다. 바울은 이 파괴적인 씨앗들을 뽑아내고 다시 진리의 씨앗을 심는다. 그는 믿는 자들에게 박해 중에 신실하라는 말로 시작하여 오늘의 고난이 내일의 영광으로 응답받을 것이므로 박해를 받으면서도 더 큰 소망을 지닐 수 있다고 격려한다.

[명칭유래] 바울이 데살로니가 교회에 보낸 두 번째로 보낸 서신의 표제는 헬라어로 '프로스 데살로니케이스 베

타' 즉 '데살로니가후서'로 불린다.

그리고 한문표기 帖撒羅尼迦人後書(첩살라니가인 후서)는 '데살로니가후서'의 가차법에서 유래되었는데, 중국식 발음은 'tiē sā luó ní jiā hòu shū 티에사뤄니지아허우슈'이다.

[저 자] 데살로니가후서는 바울의 서신이다.

15. 提摩太前書 - 디모데전서

[주요내용] 디모데전서는 나이 많고 경험이 풍부한 사도 바울이 에베소 교회에서 무거운 책임을 감당하게 된 젊은 교역자 디모데에게 쓴 편지다. 그가 맡은 임무는 거짓 교리를 없애고, 공중 예배를 보장하며, 성숙한 지도자를 양성하는 등의 도덕적인 것이다. 바울은 교회의 자세에 덧붙여 교역자의 자세에 대하여 날카롭게 지적한다. 바울은 디모데에게 그의 젊음이 복음을 위해 유익이 될지언정 해가 되지 않기 위해서 항상 경계하라고 권면한다.

[명칭유래] 이 서신의 헬라어 본문 표제는 '프로스 티모데온 알파' 즉 '디모데전서'다. '디모데'는 '하나님을 공경하는 자', '하나님이 존귀함을 받은 자'라는 뜻이며, 그의 모친 유니게가 지어준 이름으로 추정된다.

그리고 한문표기 提摩太前書(제마태전서)는 '디모데전서'의 가차법에서 유래되었는데, 중국식 발음은 'dī mó tài qián shū 디모타이치앤슈'이다.

[저 자] 디모데전서는 바울의 서신이다.

16. 提摩太後書 - 디모데후서

[주요내용] 감옥에서 위로의 편지를 보낸다는 것은 거의 불가능에 가까운 일로, 바울이 디모데후서를 쓴 곳은 바로 그런 감옥이었다. 바울은 디모데에게 자기의 계속적인 사랑과 기도를 확인시키고, 디모데가 받은 영적 유산과 그의 책임을 상기시키는 것으로 편지를 시작한다. 군인이든, 운동선수이든, 농부이든, 예수 그리스도의 전도자이든, 인내하는 자만이 열매를 거둘 수 있을 것이다. 그러나 바울은 디모데에게 사람들이 진리를 떠나서 자신의 가르침에 대해 공격할 것이라고 한다.

[명칭유래] 바울의 마지막 서신에는 헬라어로 '프로스 디모데온 베타' 즉 '디모데후서'라는 표제가 붙어있다.
그리고 한문표기 提摩太後書(제마태후서)는 '디모데후서'의 가차법에서 유래되었는데, 중국식 발음은 'dī mó tài hòu shū 디모타이허우슈'이다.

[저 자] 바울 서신의 인사말에는 다른 사람보다 특히 디모데의 이름이 자주 나온다.

17. 提多書 - 디도서

[주요내용] 젊은 목회자 디도는 그레데 교회를 인도할 중대한 임무를 앞에 놓고 있다. 바울은 디도에게 가정과 직장에서 영적으로 성실한 사람을 뽑아, 교회를 감독할 장로로 임명하라고 권면하는 편지를 쓴다. 그러나 꼭 장로만이 교회에서 영적으로 뛰어나야 한다는 것은 아니다. 교회에서 고백하는 교리의 산 모범이 되려면 남녀노소를 막론하고 누구나 교회 내에서 감당해야 할 직분이 있다. 바울은 디도서 전체를 통틀어서 장로와 회중 모두가 일상생활 가운데서 구원에 합당한 일을 실제로 행해야 한다는 사실을 강조하고 있다.

[명칭유래] 바울의 세 번째 목회 서신인 디도서에는 헬라어로 '프로스 티톤' 즉 '디도에게'라는 표제가 붙어 있다. 그리고 한문표기 提多書(제다서)는 '디도서'의 가차법에서 유래되었는데, 중국식 발음은 'dī duō shū 디두오슈'이다.

[저 자] 저자는 바울의 전도를 받고 회심한 디도이다.

18. 腓利門書 – 빌레몬서

[주요내용] 극심한 긴장과 어려움 속에서도 기독교인은 형제애를 발휘할 수 있는가? 가령 노예의 주인과 도망친 노예 사이에 기독교적인 형제애가 있을 수 있겠는가? 바울은 그 가능성을 의심치 않는다. 그래서 그는 사랑하는 형제요 동역자인 빌레몬에게 '서신'을 보낸다. 바울이 서신을 보낸 것은, 한때 도망자요 도둑이며 가치 없는 노예였으나 지금은 그리스도 안에서 빌레몬의 형제가 된 오네시모를 위해서였다. 바울은 빌레몬에게 관대한 마음으로 오네시모를 받아 줄 것을 강력하면서도 은근히 요청하고 있다. 그리고 오네시모가 빚진 것이 있으면 자기가 잘 처리하겠다고 약속하고 있다. 빌레몬을 잘 알고 있는 바울은 형제애를 보이고 용서하면 일이 잘 되리라고 확신한다.

[명칭유래] 1절에서 이 서신의 수신인이 빌레몬으로 되어 있기 때문에 헬라어 원문의 표제는 '프로스 필레모나' 즉 '빌레몬에게'로 알려져 있다.

그리고 한문표기 腓利門書(비리문서)는 '빌레몬서'의 가차법에서 유래되었는데, 중국식 발음은 'fé lì mén shū 페이리먼슈'이다.

[저　　자] 빌레몬서의 저자는 바울이다.

19. 希伯來人書 - 히브리서

[주요내용] 유대교에서 개종하여 그리스도인이 된 많은 유대인 성도들은 동족의 핍박에서 벗어나기 위해 다시 유대교로 들어가려 했다. 히브리서 저자는 유대교 체제보다 그리스도가 우월하시다는 사실을 근거로 하여 그들에게 '완전한 데 나아갈지니라(6:2)'고 권고한다. 간단히 말해 유대교에서는 많은 것을 잃고 그리스도 안에서는 많은 것을 얻는다는 것이다. 그리스도 안에서 굳게 나아가면 단련된 신앙과 자기 신앙과 선행 중에 드러나는 사랑을 얻게 되는 것이다.

[명칭유래] 가장 오래된 헬라어 본문 표제는 '프로스 에브라이우스'로 '히브리인들에게'다.

그리고 한문표기 希伯來人書(희백래인서)는 '히브리서'의 가차법에서 유래되었는데, 중국식 발음은 'xī bó lái shū 씨보라이슈'이다.

[저 자] 벨기세댁의 족보같이 히브리서의 기원도 알려져 있지 않다. 저자뿐 아니라 기록 장소, 기록 연대, 수신인 등도 확실치 않다.

20. 雅各書 - 야고보서

[주요내용] 야고보는 유대 그리스도인에게 보내는 이 서신을 통해, 행위가 없는 믿음은 진정한 믿음이 아니요 죽은 것이며, 죽은 믿음은 믿음이 아예 없는 것보다 못하다는 것을 일깨워 준다. 참된 믿음은 매일매일의 실천적 삶을 통해 드러나야 함을 강조하고 있다. 믿음은 시련을 이겨낸다. 시련이 잦다 해도 강한 믿음은 시련에 정면으로 부딪혀 인내를 키워 나간다. 믿음은 유혹을 이긴다. 믿음으로 말미암아 정욕에 이끌리거나 죄에 빠지는 일은 없다. 믿음은 말씀에 순종한다. 믿음은 듣기만 하고 행치 않는 법이 없다. 믿음은 행동인을 배출한다. 믿음은 편견을 멀리한다.

[명칭유래] 1:1의 헬라어 본문 '야코보스'로 '야고보'라는 이름 때문에 '야코부 에피스톨레' 즉 '야고보의 서신'이라는 표제가 붙었다.

그리고 한문표기 雅各書(아각서)는 '야고보서'의 가차법에서 유래되었는데, 중국식 발음은 'yǎ gè shū 야거슈'이다.

[저 자] 야고보라는 이름을 가진 사람은 신약성경에 4명 있는데, 이 중 주의 형제 야고보(마 13:55; 막 6:3; 갈 1:19)를 이 책의 저자로 본다.

21. 彼得前書 - 베드로전서

[주요내용] 박해는 그리스도인의 삶을 성장시키는 요인도 되고 파괴시키는 요인도 된다. 그것은 그가 박해를 어떻게 받아들이나 하는 태도에 달려 있다. 이 서신은 극심한 박해 속에서 투쟁하고 있는 유대 그리스도인들에게 보내는 것으로, 베드로는 그리스도의 풍성과 그리스도 구속역사를 믿고 용기를 잃지 말 것을 권면한다.

[명칭유래] 이 서신의 헬라어 본문은 '페트로스 아포스톨로스 예수 크리스투'로 '예수 그리스도의 사도 베드로'로 시작되는데, 이를 근거로 이 서신에 '페트루 알파'인 '베드로전서'라는 표제가 붙여졌다.

그리고 한문표기 彼得前書(피득전서)는 '베드로전서'의 가차법에서 유래되었는데, 중국식 발음은 'bǐ dé qián shū 비더치앤슈'이다.

[저　　자] 이 서신의 저자는 베드로이다.

22. 彼得後書 - 베드로후서

[주요내용] 베드로전서는 외부로부터의 문제를 다루고 있는 반면에, 베드로후서는 내부로부터의 문제를 다루고 있다. 베드로는 위험한 교리를 퍼뜨리는 거짓 교

사들에 대한 경각심을 불러일으키기 위해 이 서신을 썼다. 먼저 그는 거짓 교사들의 사생활을 지적한다. 그리스도인의 삶은 덕, 지식, 절제, 인내, 경건, 형제애, 사랑을 추구하는 삶이다. 반면에 거짓 교사들은 쾌락을 추구하고 교만하며, 탐욕스럽고 호색적이다. 그들은 장차 올 심판에 대해 비웃고, 미래도 현재와 별로 다를 바 없을 것이라는 생각으로 생활한다. 이러한 그들에게 베드로는 좀 시간이 걸린다 해도 언젠가는 심판이 반드시 오리라는 것을 상기시킨다.

[명칭유래] 헬라어 본문의 이 책에는 '페트루 베타'인 '베드로후서'라는 표제가 붙어있다.

그리고 한문표기 彼得後書(피득후서)는 '베드로후서'의 가차법에서 유래되었는데, 중국식 발음은 'bǐ dé hòu shū 비더허우슈'이다.

[저　　자] 이 서신의 저자는 베드로이다.

23. 約翰一書 - 요한1서

[주요내용] 요한은 빛이요, 사랑이요, 생명이신 하나님과 기쁨에 넘친 교제를 누리고 있다. 그는 자기의 영적 자녀들도 자기처럼 하나님과 친밀한 교제를 누리기를

간절히 바란다.

하나님은 빛이시다. 그러므로 하나님과 교제하기 위해서는 어두움에서 벗어나 빛에 거하여야 한다. 빛에 거할 때, 우리는 우리의 죄를 계속 고백할 것이며, 그리스도의 피가 끊임없이 우리를 깨끗하게 할 것이다. 그리고 그리스도는 아버지 앞에서 우리를 변호하실 것이다.

[명칭유래] 사도 요한의 이름이 본문 중에는 없지만 헬라어 본문에 '이오안누 알파'라 '요한일서'라는 표제가 붙어있다.

그리고 요한1서의 한문표기 約翰一書(약한일서)는 '요한일서'의 가차법에서 유래되었는데, 중국식 발음은 'yuē hàn yī shū 유에한이슈'이다.

[저　　자] 요한 일서의 저자는 요한이다.

24. 約翰二書 - 요한2서

[주요내용] '그런즉 선 줄로 생각하는 자는 넘어질까 조심하라(고전 10:12)' 바울의 이 말은 요한이서의 제목으로 적합하다. 수신인, 즉 택함받은 부인과 자녀들은 분명히 선 자들이다. 그들은 진리 안에 거하며 아버지로부터 받은 계명에 신실했다.

요한은 그들에게 칭찬의 말을 전할 수 있게 된 것을 크게 기뻐하고 있다. 그러나 그는 어떤 것도 확고한 것으로 여기지 않는다. 그는 선 것이 넘어진 상태에서 한 발짝 벗어난 데 지나지 않음을 깨닫고서 주저하지 않고 한 가지 계명을 상기 시킨다. 즉 '서로 사랑하라' 는 것이다.

[명칭유래] 1절의 '장로' 는 전통적으로 사도 요한과 동일 인물이라고 생각되어 왔다. 그래서 헬라어 본문에는 '이오안 누베타' 곧 '요한이서' 라는 표제가 붙게 되었다.

그리고 요한2서의 한문표기 約翰二書(약한이서)는 '요한이서' 의 가차법에서 유래되었는데, 중국식 발음은 'yuē hàn èr shū 유에한얼슈' 이다.

[저　　자] 요한이서와 요한삼서의 내용이 상황이 유사하기 때문에, 여기에서는 두 책의 저자를 동일 인물인 요한으로 간주한다.

25. 約翰三書 - 요한3서

[주요내용] 요한일서에서는 하나님과의 교제에 대해 언급하고 있으며, 요한이서에서는 거짓 교사들과의 교제를 금하라고 가르치고 있다. 이제 요한삼서에서는 성

도들간의 교제를 북돋워 주고 있다. 요한은 이 서신의 수신인이며 관대한 마음을 가진 가이오에 대한 사랑을 표한 후에 가이오의 건강을 기원한다. 이어서 가이오가 꾸준히 진리 안에 거하며 또 그의 교회를 방문한 전도자들을 따뜻하게 환대한 데 대하여 기쁨을 나타낸다.

[명칭유래] 요한 1, 2, 3서의 헬라어 표제는 이오안누 알파, 베타, 감마다. '감마'는 헬라어 알파벳의 세 번째 자모이므로, '이오인누 감마'는 '요한의 세 번째'(서신)라는 뜻을 갖는다.

그리고 요한3서의 한문표기 約翰三書(약한삼서)는 '요한삼서'의 가차법에서 유래되었는데, 중국식 발음은 'yuē hàn sān shū 유에한산슈'이다.

[저　　자] 요한이서와 요한삼서의 내용이 상황이 유사하기 때문에, 여기에서는 두 책의 저자를 동일 인물인 요한으로 간주한다.

26. 猶大書 - 유다서

[주요내용] 다투라! 싸우라! 전쟁하라! 배교자가 생기고 거짓 교사들이 출현하며, 하나님의 진리가 침해 받을 때는 믿음을 위해 싸워야 하는 때다. 영적으로 '지음

받은' 성도들만이 부름에 응할 수 있다. 유다는 서두에서 성도의 일반적인 구원 문제에 초점을 맞추고 있으나 이어서 성도들이 믿음을 위해 싸우도록 격려하지 않을 수 없음을 느낀다. 위험은 눈앞에 와 있다. 거짓 교사들은 교회 안으로 침투하여 하나님의 은혜를 제멋대로 왜곡했다. 유다는 그런 사람들에게 하나님이 과거에 믿지 않은 이스라엘, 불복종한 천사들, 사악한 소돔과 고모라를 어떻게 처벌하셨는가를 상기시킨다.

[명칭유래] 헬라어 본문의 표제인 '이오우다'는 '유다의'인데 1절에 나오는 이름 '이오우다스'를 따라 붙인 것이다. 그리고 유다서의 한문표기 猶大書(유대서)는 '유다'의 가차법에서 유래되었는데, 중국식 발음은 'yóu dà 요우 다'이다.

[저　　자] 저자는 자기 자신을 '예수 그리스도의 종이요 야고보의 형제'라고 소개하는 '유다'이다.

27. 約翰黙示錄-요한계시록

[주요내용] 창세기는 시작의 책이고, 요한계시록은 종결의 책이다. 요한계시록에서는 하나님의 구원 계획이 결실을 보며, 하나님의 거룩한 이름이 모든 피조물에 입

증한다. 복음서와 서신에도 많은 예언이 나타나지만, 요한계시록이야말로 신약성경에서 예언 사건에 우선적인 초점을 맞춘 유일한 책이다. '요한계시록'은 요한이 밧모 섬에 유배되어 있는 동안 쓴 것으로, 세상을 심판하고 의로 통치하실 유일한 분이신 그리스도에 대한 환상과 상징을 중심으로 이야기가 전개된다.

[명칭유래] 이 책의 헬라어 '아포칼립시스'는 '벗겨낸다.', '드러낸다.', '계시한다.'는 뜻으로 요한계시록은 '예수 그리스도의 계시'다.

그리고 한문표기는 約翰黙示錄(약한묵시록)이고, 중국어 성경의 표기는 約翰啓示錄(약한계시록)인데, 이 뜻은 '열어 보이다'라는 말로서 예수님이 주신 말씀을 요한이 기록한 내용이다. 중국식 발음은 'yuē hàn qǐ shì lù 유에한치스루'이다.

[저　　자] 이 책은 저자가 '요한'임이 4번 언급되고 있다.

제2부

성경 속 주요 200 인명

2부에서는 성경 속 200명의 중요 인물의 이름이 갖는 의미와 한자 표기를 우리 말 음과 중국어 한어병음을 곁들여 정리하였을 뿐만 아니라, 해당 인물의 특징에 대해서 성경 말씀 위주의 해설을 덧붙여서 흥미뿐만 아니라 성경 공부에 유익한 자료가 될 수 있도록 편집하였다.

제2부 성경 속 주요 200 인명

"성경 속 인명을 알면 성경이 보인다."

성경에 등장하는 사람들의 이름은 참으로 중요한 의미를 갖는다. 한 나라의 역사 기록에 나라에 공헌한 사람과 해를 끼친 반역자들의 이름이 기록되어 있듯이 성경에서도 특정인의 이름이 기록된 데에는 그만한 이유가 있다. 하나님의 사람으로서 그분의 뜻에 합당한 사람이 있는가 하면, 하나님의 사람으로서 확고한 입장에 있다가 떨어져나간 배교자들이 있고, 또 악한 죄인들이 있다. 성경은 그들의 행위와 함께 그들의 이름을 기록하셔서 후대에 교훈으로 삼으신다.

작명의 특징

1) 동식물에서 이름들을 취하여 지은 것.

예) 다말 → 종려나무 | 라헬 → 양

2) 사람의 얼굴 모습이나 성질에 따라 지은 것.

예) 에서 → 털 많은 자 | 십보라 → 아름다움.

3) 부모의 경건성과 감사 등에 의해 지어진 것.

예) 유다 → 여호와를 찬송하리로다.

4) 예언적 상징적으로 명명된 경우.

예) 스알야숩 → 남은 자가 돌아오리라는 뜻.

5) 하나님에 관계된 이름.

예) 엘 → 하나님을 뜻함.

6) 히브리인에게는 성이 없었기 때문에 성읍의 이름을 붙여 쓰게 되었다.

예) 나사렛 예수(행 2:22) | 아리마대 요셉(요 19:38).

여호와 하나님과 예수 그리스도의 명칭

1) 여호와

[원어이름] Jehova

[한자이름] 耶和華 yé hé huá

[이름의뜻] 하나님을 부르는 대표적인 이름. 나는 스스로 있는 자.

2) 예수 그리스도

[원어이름] Jesus Christ

[한자이름] 耶穌基督 yé sū jī dū

[이름의뜻] 자기 백성을 그들의 죄에서 구원할 자. 구세주, 하나님의 아들.

1. 가나안

[원어이름] Canaan

[이름의뜻] 자색.

[인물평가] 노아의 저주를 받은 자.

[한자이름] 迦南(가남) jiā nán

[특기사항] 가나안은 노아의 손자이자 함의 아들이다(창 9:18). 그는 가나안 족속의 조상이 되었다(창 10:15-19; 대상 1:13-16). 노아로부터 형제들의 종이 될 것이라는 저주를 받았는데(창 9:25) 이 저주는 역사 속에서 그대로 성취되어 여호수아 시대에는 나무 패고 물 긷는 종이 되었으며(수 9:23) 솔로몬 때 남아있는 자손들을 모두 노예로 역군을 삼았다(왕상 9:20-21).

2. 가룟유다

[원어이름] Judas Iscariot

[이름의뜻] 하나님 찬양. '가룟'은 '케리옷의 사람'이란 뜻.

[인물평가] 영원한 배반의 상징.

[한자이름] 加略人猶大(가략인유대) jiā lüè rén yóu dà

[특기사항] 가룟(그리욧) 지방 출신으로 아버지는 시몬이다(요

6:71; 13:26). '하나님 찬양'이라는 이름의 뜻과 는 반대로 예수님을 은 30개에 팔아버린 제자였다(마 26:14-16). 다른 제자들처럼 더러운 귀신을 쫓고 모든 병과 모든 약한 것을 고치는 권능을 받았던(마 10:1) 그는 베다니의 마리아가 예수님의 발에 향유를 붓는 것을 보고 가난한 사람들을 구제하지 않고 허비한다고 불만을 표시했다(요 12:1-5). 사실 그는 돈궤를 맡아 거기에 있는 돈을 훔쳐 가려는 생각에서 그렇게 말했던 것이다(요 12:6). 신호로 예수님께 입 맞추어 예수님을 잡히시게 하였으나(마 26:49-50) 양심의 가책을 받아 목을 매어 죽었다(마 27:5). 누가는 유다의 몸이 곤두박질하여 배가 터지고 창자가 다 흘러나오는 비참한 죽음을 맞았다고 기록하였다(행 1:18).

3. 가말리엘

[원어이름] Gamaliel

[이름의뜻] 하나님의 상급.

[인물평가] 사도 바울의 스승.

[한자이름] 迦瑪列(가마열) jiā mǎ liè

[특기사항] 랍비 '힐렐'의 손자 '랍반 가말리엘 1세'를 말한

다. 바리새파이자 위대한 율법학자로 바울이 이 사람에게서 율법을 배웠다(행 22:3). 산헤드린 공회가 예수를 전한다는 이유로 제자들을 죽이려고 할 때 산헤드린 공회원이었던 그는 이 일이 사람에게서 난 것이면 무너질 것이고 하나님에게서 난 것이면 무너뜨릴 수 없고 오히려 하나님을 대적하는 일이 될 수도 있다고 말하여 사도들을 변증해 주었다(행 5:33-40).

[동명이인] • 므낫세 지파 브다술의 아들로 모세가 1차 인구조사를 할 때 모세를 도와 준 사람이다(민 1:10; 2:20).

4. 가인

[원어이름] Cain

[이름의뜻] 얻음, 소유물.

[인물평가] 인류의 첫 출생자. 첫 살인자.

[한자이름] 該隱(해은) gāi yǐn

[특기사항] 아담의 첫째 아들(창 4:1)로 농사짓는 일을 하였으며(창 4:2) 땅의 소산물로 하나님께 제사를 드렸다(창 4:3). 그러나 하나님께서 이를 받지 않으시고 양의 첫새끼와 기름으로 제사를 드린 아벨의 제물

만 받으시자 분한 마음으로 아벨을 질투하였다(창 4:4-5). 결국 자신의 잘못은 회개하지 않고 동생 아벨을 죽여 최초의 살인자가 되었다(창 4:6-10). 죄의 결과로 땅의 저주를 받아 농사를 지어도 열매를 거둘 수 없을 것이라는 심판과 함께 땅에서 유리하는 사람이 되었다(창 4:11-12). 그러나 하나님은 가인의 요청에 의해 그를 보호하는 표를 주셔서 죽음을 면하게 하셨고(창 4:13-15) 가인은 에덴 동편 놋 땅에 거하며 결혼하여 에녹을 낳고 에녹이란 성읍을 건설하였다(창 4:16-17).

[동명이인] • 겐 족속의 조상을 말하며 발람은 가인의 멸망을 예언하였다(민 24:21-22).

5. 갈렙

[원어이름] Caleb

[이름의뜻] 개.

[인물평가] 진취적인 믿음의 인물.

[한자이름] 迦勒(가륵) jiā lè

[특기사항] 유다 지파 여분네의 아들이다. 딸은 악사, 사위는 사사 옷니엘이다(수 15:15-17). 그는 가나안을 40일 간 정탐하고(민 13:4-25), 공격하도록 권고했던

(민 13:30; 14:6-9) 정탐꾼 중 한 사람이었다. 가나안을 차지하라는 하나님의 명령을 거역했던 이스라엘 사람들과 달리 순종하여 가나안 땅 헤브론에 정착하는 복을 누렸다(수 14:10-14). 출애굽한 1세대 중에서 가나안 땅에 들어간 사람은 여호수아와 갈렙뿐이었다.

[동명이인] • 헤스론의 아들(대상 2:18, 42).

6. 갓

[원어이름] Gad

[이름의뜻] 행복.

[인물평가] 암사자에 비유된 용맹한 지파.

[한자이름] 迦得(가득) jiā dé

[특기사항] 야곱이 밧단아람 라반의 집에 있을 때 레아의 시녀 실바에게서 낳은 아들(창 30:10-11). 친동생은 아셀이며, 7명의 아들을 낳았고 갓 지파의 조상이 되었다. 야곱은 갓에게 "군대의 박격을 받으나 도리어 그 뒤를 추격하리로다"(창 49:19)라고 축복했는데 이는 적의 공격을 받지만 물리칠 것이라는 말이다.

[동명이인] • 갓이라는 이름으로 볼 때 갓 지파의 자손으로 추측되는 선지자(대상 12:8).

7. 고넬료

[원어이름] Cornelilus

[이름의뜻] 뿔.

[인물평가] 최초의 이방 세례 교인.

[한자이름] 哥尼流(가니류) gē ní liú

[특기사항] 가이사랴에 주둔하고 있던 이달리야대라는 로마 군대의 백부장이다(행 10:1). 이방인이었지만 하나님을 경외하고 항상 기도에 힘쓴 경건한 사람이었다(행 10:1-2). 로마 군대의 백부장이었음에도 식민지 백성에게 구제를 많이 하는 자비를 베풀어서 사람들에게 의인이라는 칭찬을 들었다(행 10:22). 기도 시간에 환상을 보았으며(행 10:3-6) 천사의 지시에 순종해서 욥바에 있는 베드로를 자기 집으로 초청했다(행 10:7-8, 23). 친척과 친구들을 모아 베드로의 설교를 들을 때 성령을 받았으며 방언도 받았다(행 10:44-46). 그당시 이 사건은 하나님의 구원과 성령이 유대인뿐 아니라 이방인들에게도 차별없이 부어짐을 보여 주는 표적이 되었다(행 10:48; 11:18).

8. 고라

[원어이름] Korah

[이름의뜻] 우박.

[인물평가] 땅에 삼키운 바 된 자.

[한자이름] 可拉(가랍) kě lā

[특기사항] 레위의 증손이자 고핫(그핫)의 손자이며 이스할의 아들(출 6:21; 민 16:1; 대상 6:38)로 이스라엘 백성이 광야 생활을 할 때 지도자 모세에게 대적했다가 죽은 사람이다(민 16:1-33). 그는 르우벤 자손 다단과 아비람과 그리고 벨렛의 아들 온과 회중 대표 250명과 함께 당을 지어 모세와 아론을 대적하였다(민 16:1-2). 이들은 모세와 아론에게 회중도 거룩하고 회중 가운데도 하나님이 계시는데 모세와 아론이 스스로를 높인다고 비난하였다(민 16:3). 이에 모세는 하나님의 거룩한 자가 누구인지 알아보기 위해 향로를 잡고 분향하게 하였다(민 16:17-18). 고라가 회중을 회막 문에 모아놓고 모세를 대적하려 할 때 하나님의 영광이 나타나 고라와 다단, 아비람, 그들의 가족, 그에 속한 사람들은 갈라진 땅 속에 파묻혀 죽었다(민 16:19-33). 그리고 분향하던 250명도 하나님에게서 나온 불에 타 죽었다(민 16:35). 이때 고라의 세 아들인 앗실, 엘가

나, 에비아삽은 죽지 않았다(민 26:11).

[동명이인] • 엘리바스 아들로 에서의 손자이다(창 36:16).

• 고핫의 손자로 이스할의 아들이다(출 6:21; 민 16:1; 대상 6:38).

• 갈렙의 증손, 마레사의 손자이며 베레스의 후손으로 헤브론의 아들이다(대상 2:43).

9. 고멜

[원어이름] Gomer

[이름의뜻] 마지막, 끝.

[인물평가] 방탕한 이스라엘의 상징.

[한자이름] 歌篾(가멸) gē miè

[특기사항] 호세아 선지자의 아내이자 디블라임의 딸이다(호 1:3). 음란한 여인이었던 고멜은 호세아와 결혼했다(호 1:2). 이 결혼을 통해 하나님은 타락한 이스라엘에게 회개하고 돌아오라는 메시지를 전하셨다(호 1-3장).

[동명이인] • 노아의 손자이자 야벳의 아들이다(창 10:2-3; 대상 1:5-6).

10. 골리앗

[원어이름] Goliath

[이름의뜻] 방랑자.

[인물평가] 소년 다윗에게 패배한 거인.

[한자이름] 歌利亞(가리아) gē lì yà

[특기사항] 블레셋 가드 출신의 블레셋 장수이다(삼상 17:4). 그는 이스라엘 군대를 모욕하며 싸움을 걸었고(삼상 17:8-10), 두려움에 질린 사울과 이스라엘 군사들은 골리앗에 대항하여 싸울 생각을 하지 못했다(삼상 17:11). 이때 아버지의 심부름으로 형들의 안부를 살피기 위해 왔던 소년 다윗이 하나님의 이름으로 골리앗을 향하여 나아왔고(삼상 17:45-47), 다윗은 하나님의 이름을 의지하고 물매와 돌을 취하여 그를 쓰러뜨려 죽였다(삼상 17:48-51).

11. 기드온

[원어이름] Gideon

[이름의뜻] 베히는 자.

[인물평가] 이스라엘의 큰 용사.

[한자이름] 基甸(기전) jī diàn

[특기사항] 므낫세 지파 아비에셀 사람 요아스의 아들이다(삿

6:11). 이스라엘의 다섯 번째 사사로 40년 동안 일하였다(삿 8:28). 그는 이스라엘을 압제하는 미디안 사람의 눈을 피해 밀을 포도주 틀에서 타작하다가 사사로 부름 받았다(삿 6:12, 14-16). 자신이 은혜 입은 표징을 보여 달라고 구하며 염소고기와 무교전병, 국을 반석 위에 두었을 때 여호와의 사자가 잡고 있던 지팡이에서 불이 나와 그것들을 태웠다(삿 6:19-21). 기드온이 하나님의 사자를 보았으므로 죽을 것이라며 슬퍼하자 하나님은 죽지 않을 것이라고 말씀하셨다(삿 6:22-23). 이에 기드온은 하나님을 위해 단을 쌓고 그 단의 이름을 '여호와 살롬'이라고 불렀다(삿 6:24). 그날 밤에 기드온은 하나님의 명령에 따라 아버지의 바알의 단과 아세라 상을 헐었다(삿 6:25-27). 성읍 사람들이 그를 죽이려 했으나 아버지의 변호로 생명을 구했으며(삿 6:28-31) 기드온은 '여룹바알'이란 별명을 얻었다(삿 6:32).

12. 나다나엘

[원어이름] Nathanael

[이름의뜻] 하나님의 선물.

[인물평가] 거짓됨 없는 참 회의론 자.

[한자이름] 拿但業(나단업) ná dàn yè

[특기사항] 예수님의 제자 빌립의 친구로 갈릴리 가나 출신(요 21:2). 그는 빌립이 예수님을 모세와 선지자들이 기록한 그분이라고 소개하자 예수님이 나사렛 출신이라는 이유로 무시하였다(요 1:46). 그러나 예수님을 직접 만나자 그는 예수님이 하나님의 아들이며 왕이라고 고백했다(요 1:49). 예수님은 나다나엘을 보시고 간사한 것이 없는 참 이스라엘 사람이라고 칭찬하셨다(요 1:47). 그는 예수님이 부활하신 후 디베랴 바닷가에 나타나실 때도 베드로와 함께 있었다(요 21:2). 나다나엘은 예수님의 열두 제자 중 하나인 바돌로매와 동일인이라는 의견도 있다.

13. 나단

[원어이름] Nathan

[이름의뜻] 양심, 주는 자.

[인물평가] 충실한 여호와의 예언자

[한자이름] 拿單(나단) ná dān

[특기사항] 다윗과 솔로몬 시대에 활동했던 선지자이다. 다윗이 성전을 건축하자고 할 때 찬성했으나(삼하 7:1-3) 솔로몬에게 하나님의 성전을 짓게 하실 것과 다윗의 후손을 세워 다윗의 나라를 견고하게 하신다는 하나님의 말씀을 전했다(삼하 7:4-17). 다윗이 밧세바를 범하고 우리아를 전쟁터에 보내 죽게 한 죄와 그 죄로 인한 하나님의 징계를 말하였고(삼하 12:1-14) 밧세바에게서 솔로몬이 태어났을 때 하나님의 명을 받아 그에게 '여디디야'(여호와께서 사랑하심)라는 이름을 붙여 주었다(삼하 12:25).

[동명이인]
- 다윗 왕이 예루살렘에서 낳은 한 아들(삼하 5:14, 눅 3:31).
- 에스라가 바벨론에서 돌아올 때 무리 중에 있던 우수한 느디님 사람(스 8:16).
- 그 외에 이 이름을 가진 6인이 있다.(삼하 23:36, 왕상 4:5, 대상 2:36,11:38, 스 10:39, 12:12)

14. 나답

[원어이름] Nadab

[이름의뜻] 고상하다.

[인물평가] 불로 심판 받은 불의의 제사장들.

[한자이름] 拿答(나답) ná dá

[특기사항] 아론과 엘리세바 사이에서 태어난 첫째 아들이다(출 6:23). 그는 모세, 아론, 아비후, 이스라엘의 70인 장로와 함께 시내 산에 올라갔으며(출 24:1) 하나님과의 언약 체결 후 하나님을 보고 먹고 마셨다(출 24:11). 또한 그는 형제 아비후, 엘르아살, 이다말과 함께 제사장 직분을 맡았으며(출 28:1) 제사장으로 위임되었다(출 29:1-46; 레 8:1-36). 그러나 하나님이 명하시지 않은 다른 불을 가져와 분향하다가 징벌로 죽었다(레 10:1-2).

[동명이인]
- 유다 지파 여라므엘의 다른 아내 아다라에게서 난 오난의 손자이자 삼매의 아들, 셀렛과 압바임의 아버지이다(대상 2:28, 30).
- 2년 동안 이스라엘을 다스린 여로보암의 아들이다(왕상 15:25).
- 기브온의 조상 여이엘과 마아가 사이에서 태어난 다섯째 아들이다(대상 8:30).

15. 나발

[원어이름] Nabal

[이름의뜻] 어리석다.

[인물평가] 어리석은 자.

[한자이름] 拿八(나팔) ná bā

[특기사항] 유다 광야 마온에 살던 욕심 많은 부자로, 아내는 아비가일이었다(삼상 25:3). 갈멜 족속이었던 그는 목축업을 하고 있었는데(삼상 25:2), 다윗이 그의 양떼를 보호해 준 대가를 요구하자 다윗을 모욕하여 분노하게 했다(삼상 25:5-13). 지혜로운 아내 덕분에 다윗의 공격은 모면했으나(삼상 25:18-34), 열흘 후에 하나님이 그를 치셔서 몸이 굳어 죽고 말았다(왕상 25:36-38). 그 후 아비가일은 다윗의 아내가 되었다(삼상 25:42-43).

16. 나봇

[원어이름] Naboth

[이름의뜻] 뛰어난 사람.

[인물평가] 유업을 중시한 의로운 포도원 주인.

[한자이름] 拿伯(나백) ná bó

[특기사항] 사마리아의 아합 왕에게 자신의 포도원을 팔기 거

절했던 이스르엘 사람이다(왕상 21:1). 그는 아합 왕의 궁에서 가까운 곳에 좋은 포도원을 소유하고 있었는데, 그 포도원의 값어치만큼의 돈이나 다른 것과 교환하자는 아합 왕의 제의를 거절했다(왕상 21:1-3). 아합 왕이 나봇의 포도원을 빼앗지 못했던 이유는 이미 지파별, 족속별, 가정별로 분배된 땅은 엄격하게 구분되어 그 지계표(신 19:14; 27:17)를 옮길 수 없었으며, 땅을 빼앗는 것은 그 소유자의 생계를 위협하는 것과 다름없어서 율법에서 금하고 있었기 때문이다. 하지만 이러한 율법을 알지 못했던 이방 여인 이세벨은 하나님과 왕을 저주했다고 모함하여 나봇을 죽인 뒤, 나봇의 포도원을 빼앗아 아합에게 주었다(왕상 21:8-15).

17. 나사로

[원어이름] Nazarus

[이름의뜻] 하나님의 도움.

[인물평가] 아브라함의 품에 안긴 거지.

[한자이름] 拉撒路(납살로) lā sā lù

[특기사항] 예수님께서 해 주신 부자와 나사로의 비유에 나오는 거지이다(눅 16:19-30). 이 비유는 누가복음

에만 나오는 것으로, 현세에서 나사로는 부자의 집 대문 앞에 누워지냈고, 부자는 화려한 옷을 입고 좋은 음식을 먹으며 살았다. 때가 되어 두 사람 모두 죽었고, 죽은 후 나사로는 천사들에게 인도되어 아브라함의 품에 안겼으나 부자는 음부의 불꽃 속에서 고통당했다. 이때 부자는 뜨거운 불꽃 가운데서 아브라함에게 물을 좀 달라고 요구했고, 나사로를 자기 형제들에게 보내어 고통받는 지옥에 오지 않게 해 달라고 부탁했으나 모두 거절당했다. 이 비유는 예수님께서 당시 이기적인 부자(눅 16:14)였던 바리새인을 향해 모든 사람은 반드시 죽는다는 것과 천국과 지옥은 실제로 존재한다 것을 경고하신 말씀이다.

18. 나아만

[원어이름] Naaman

[이름의뜻] 즐겁다.

[인물평가] 문둥병을 치유 받은 이방의 군대장관.

[한자이름] 乃縵(내만) nǎi màn

[특기사항] 다메섹 왕 때 아람의 군대 장관으로 문둥병자였다(왕하 5:1). 그는 포로로 잡혀 왔던 여종으로부

터 사마리아 선지자가 문둥병을 고칠 수 있다는 말을 듣고 아람 왕의 소개장을 가지고 이스라엘 왕을 방문했다(왕하 5:2-6). 나아만을 맞은 이스라엘 왕은 이를 정치적인 의도를 지녔다고 생각하여 옷을 찢으며 걱정했다(왕하 5:2-7). 이 사실을 안 엘리사가 나아만에게 사자를 보내 요단 강에 가서 몸을 씻으라고 했고, 그 말에 화가 나 이스라엘을 떠나려던 나아만은 신하의 권면으로 요단 강에 가서 일곱 번 몸을 담그고 어린아이 살같이 깨끗이 치료되었다(왕하 5:11-14). 문둥병이 나은 나아만은 하나님만이 참 신임을 믿게 되었다(왕하 5:15-19).

[동명이인] • 베냐민의 아들이며(창 46:21), 나아만 가족의 조상이다(민 26:40).

19. 나훔

[원어이름] Nahum

[이름의뜻] 위안, 위로.

[인물평가] 나훔서의 저자로 비밀에 쌓인 인물.

[한자이름] 那鴻(나홍) nà hóng

[특기사항] 소선지서인 나훔서의 저자(나 1:1). 엘고스 사람 나훔으로만 소개되고 있다. 나훔의 고향으로 보이는

엘고스는 정확한 위치가 어디인지 알 수 없으며 갈릴리의 한 지방, 니느웨 근처, 가버나움 등으로 추정.

[동명이인] • 예수님의 선조 중의 한 사람(눅 3:25).

20. 납달리

[원어이름] Naptali

[이름의뜻] 씨름.

[인물평가] 풀어놓은 암사슴.

[한자이름] 拿弗他利(나불타리) ná fú tā lì

[특기사항] 라헬의 여종 빌하에게서 난 아들(창 30:8, 계 7:6). 야곱이 라헬의 여종 빌하에게서 난 여섯 째 아들이다(창 30:7-8). 야곱은 납달리에 대해 '풀어놓은 암사슴'이라고 축복했다(창 49:21).

21. 노아

[원어이름] Noah

[이름의뜻] 쉼. 위로.

[인물평가] 당세의 의인이요 완전한 자.

[한자이름] 挪亞(나아) nuó yà

[특기사항] 창세기 홍수 이전의 사악한 시대(창 6:5)를 살았던

한 의로운 사람이다. 아버지인 라멕은 182세에 노아를 낳았다(창 5:28-29; 눅 3:36). 노아의 아들들은 셈, 함, 야벳이다. 하나님은 노아가 480세 때 인간을 땅에서 멸망시키겠다고 알려주셨고, 노아는 그후 120년간 방주를 지었다(벧전 3:20; 창 6:3). 홍수 때에는 하나님이 말씀하셨던 것(창 6:13-22)처럼 노아와 아내, 그의 세 아들, 그리고 며느리 외에는 모든 사람이 멸망당했다(창 7:7; 벧전 3:20). 하나님은 홍수 후 노아와 무지개로 언약을 세우셨다(창 9:9-17; 사 54:9).

22. 누가

[원어이름] Luke

[이름의뜻] 빛나다.

[인물평가] 사랑받는 의사요 신의 깊은 문학가.

[한자이름] 路加(로가) lù jiā

[특기사항] 이방인인 누가는 수리아 안디옥에서 의학을 공부하고 예수를 믿은 후 바울과 동행하며 선교했다(행 1:10,17). 누가는 바울이 두 번에 걸쳐 로마 감옥에 투옥되었을 때도 빠짐없이 동행했는데(딤후 4:11), 특히 주의를 기울여야 할 점은 누가가 사도 바울에

게 '사랑을 받는 의사'였다는 것이다(골 4:14).

23. 느부갓네살

[원어이름] Nebuchadnezzar

[이름의뜻] 느보야 그 경계를 보호하라.

[인물평가] 예루살렘을 멸망시킨 이방의 권세자.

[한자이름] 尼布甲尼撒(니포갑니살) ní bù jiǎ ní sā

[특기사항] 신바벨론 제국의 초대 왕 나보폴라살을 뒤 이은 신바벨론의 2대왕이다(B.C. 605-562). 갈그미스 전투에서 애굽의 바로 느고를 격퇴하여 애굽 하수에서부터 유브라데 하수까지 애굽 왕에게 속한 땅을 지배하였다(왕하 24:7; 렘 46:2-12). 그는 수리아, 모압, 암몬 등 근동 지역을 정복한 후(582) 포로들을 잡아가 대대적인 건축 사역을 시켰다. 새 왕궁을 건축하고 큰 도로를 건설했으며 대성벽을 구축하고 성문도 만들었다. 느부갓네살에 의해 세워진 이시타르 성문은 지금까지 유적으로 남아 있다. 적의 침입을 막기 위해 운하와 여러 개의 댐을 수축했는데 수도뿐 아니라 여러 도시들에도 많은 건축 사업을 이루었으며 특히 바벨론 신들을 위한 신전을 많이 세웠다. 44년간 나라를 다스렸고 하

나님의 진노를 받아 정신병에 걸려 야수의 생활을 하였다(단 4:33). 정신병이 회복된 후 하나님을 찬송하였다(단 4:34).

24. 느헤미야

[원어이름] Nehemiah

[이름의뜻] 여호와에게 위로 받음.

[인물평가] 하나님의 일에 헌신한 유능한 정치가.

[한자이름] 尼希米(니히미) ní xī mǐ

[특기사항] BC 444년 이후 유다 지방을 다스렸던 총독으로 그의 아버지는 하가랴였다. 페르시아 왕 아닥사스다의 술 맡은 관원이었던(느 1:11) 그는 신임 받는 관리였다. 그는 하나니로부터 예루살렘의 소식을 전해들은 후, 이스라엘 백성들의 문제를 절감하고 하나님께 기도했다(느 1:2-11). 왕에게 예루살렘 귀환을 허락받은 그는 총독 직책을 맡아 예루살렘으로 향했다(느 2:1-8). 당시는 12년 전 예루살렘을 재건하려던 에스라의 계획이 반대자들의 방해로 인해 중단되어 있던 상태였다(스 4:21-22). 느헤미야는 자신이 가지고 간 왕의 조서를 근거로 다시 예루살렘 성벽 건축을 시작했고, 결국 52일 만에 성벽

을 재건했다(느 12:27-47). 아울러 여러 가지 사회 제도나 종교제도도 잘 정비했다(느 7, 11장).

[동명이인] • 제 1차 바벨론 포로에서 귀환한 사람들의 명단에 있던 사람이다(느 7:7).

• 벧술 지방 절반을 다스리던 사람으로 아스북의 아들이었다. 그는 총독이던 느헤미야가 예루살렘 성벽을 재건할 때 도왔다(느 3:16).

25. 니고데모

[원어이름] Nicodemus

[이름의뜻] 이긴 백성.

[인물평가] 중생의 도를 추구한 지식인.

[한자이름] 尼哥底母(니가저모) ní gē dǐ mǔ

[특기사항] 유대인의 관원(요 3:1)이자 선생이었던(요 3:10) 바리새인(요 3:1). 그에 대해서는 요한복음에만 기록되어 있다(요 3:1-9; 7:50; 19:39). 그는 밤에 예수님을 방문하여 중생에 대한 말씀을 들었으며(요 3:1-21), 예수님을 잡으려는 바리새인들에게 대해 항변했다(요 7:50-51). 예수님이 돌아가신 후에는 아리마대 요셉과 함께 예수님을 장사지냈는데(요 19:38-42), 이때 그는 몰약과 침향 섞은 것을 백

근쯤 가져와서 예수님의 시체에 넣었다(요 19:39).

26. 니므롯

[원어이름] Nimrod

[이름의뜻] 건장하다.

[인물평가] 여호와를 대적한 최초의 영걸.

[한자이름] 寧錄(영록) níng lù

[특기사항] 함의 장남 구스의 아들이며(창 10:8) 이름난 사냥꾼이다(창 10:9). 그는 시날 4성읍과 앗수르 4성읍을 건축하였다(창 10:10 - 11). 고대 애굽인은 '나무레트'라 불렀고 요세푸스는 그가 바벨탑 건설의 선동자였다고 본다.

:: ㄷ

27. 다니엘

[원어이름] Daniel

[이름의뜻] 히브리식 뜻 : 나의 심판자는 하나님이시다.

바벨론식 뜻 : '벨'이 그의 생명을 보호하실지어다.

[인물평가] 신앙 절개를 지킨 포로 선지자.

[한자이름] 但以理(단이리) dàn yǐ lǐ

[특기사항] BC 605년 유다 왕 여호야김 때 1차 바벨론 포로로 잡혀갔던 유대인으로 왕족이나 귀족이다(단 1:3, 6). 그는 약 60여 년 간 바벨론 왕의 조언자이자 셋째 치리자, 메대 국의 총리로 일했다(단 5:29; 6:1-2). 바벨론 포로기 때 다니엘은 세 친구와 함께 바벨론식 교육을 받고 바벨론 음식을 먹어야 했으나 뜻을 정해 채식만을 했다(단 1:8-16). 이러한 다니엘에게 하나님은 학문과 재주, 명철을 주시고 이상과 꿈을 깨닫게 하셨다(단 1:17). 그는 느부갓네살 왕의 꿈을 두 번이나 해석하여 세계 역사의 변천사와 느부갓네살 왕의 장래 일에 대해 말해주었다(단 2:25-45; 4:19-27). 벨사살 왕의 잔치석상에서 벽에 쓰여진 글씨를 해석하여 벨사살 왕의 교만과 우상숭배 때문에 왕위가 폐하여지고 바벨론이 멸망할 것을 예언했다(단 5:1-5, 17-31). 그리고 그는 바벨론의 셋째 치리자가 되었다(단 5:29). 그 후 바벨론을 정복한 메대의 왕 다리오는 다니엘을 총리로 삼았다(단 6:1-2). 그를 시기한 다른 총리와 방백들이 다리오 왕에게 왕 외에 다른 신을 섬기지 못하게 하는 조서를 내리도록 간청했다(단 6:3-9). 그러나 그는 굽히지 않고 하나님께 기도했

고, 결국 이 일로 인해 사자굴에 던져졌다(단 6:10-18). 하지만 하나님의 보호하심으로 살아났고 오히려 그를 참소하던 사람들이 사자굴에 던져져 죽임을 당했다(단 6:19-27). 또한 그는 환상을 보았고 해석했는데, 그 내용은 네 짐승(단 7:1-28), 수양, 숫염소(단 8:1-27), 70이레(단 9:24-27), 왕들과 전쟁(단 11:1-45) 등에 관한 것이었다.

[동명이인] • 다윗의 둘째 아들. 가멜 여자 아비가일이 헤브론에서 낳은 아들(대상 3:1).
• 에스라와 함께 포로에서 돌아온 족장으로 이다말 자손(스 8:2).

28. 다말

[원어이름] Tamar

[이름의뜻] 종려나무.

[인물평가] 예수님의 족보에 오른 유다의 며느리.

[한자이름] 他瑪(타마) tā mǎ

[특기사항] 유다의 장자인 엘의 아내이다(창 38:6). 엘이 죽은 후 계대결혼 풍습을 따라 시동생이던 오난의 아내가 되었다(창 38:8). 하지만 오난은 형수에게서 태어나는 아들이 자신의 아들이 되지 않는다는 이유

로 땅에 설정했고 결국 이를 악하게 여기신 하나님께서 그를 죽이셨다(창 38:9-10). 그 후 셋째 아들 셀라가 장성하였는데도 자신을 그에게 아내로 주지 않자 다말은 창녀로 가장하여 유다에게 나아갔다(창 38:14-18). 그리고 유다를 통해서 결국 베레스와 세라 쌍둥이의 어머니가 되었다(창 38:29-30). 그녀의 이름은 유다 지파의 계보와 그리스도의 족보 중에 실려 있다(룻 4:12; 대상 2:4; 마 1:3).

[동명이인] • 다윗의 딸이다(대상 3:9). 그는 압살롬의 여동생이었는데(삼하 13:1; 대상 3:9), 이복 오빠인 암논에게 강제로 성폭행 당하였다(삼하 13:1-14).

• 압살롬의 외동딸로 얼굴이 아름다운 여자였다(삼하 14:27).

29. 다윗

[원어이름] David

[이름의뜻] 사랑하는 자.

[인물평가] 하나님의 마음에 합한 위대한 통치자.

[한자이름] 大衛(대위) dà wèi

[특기사항] 아브라함의 14대손 유다지파 이새의 여덟 째 아들로서 유대 베들레헴에서 출생. 70세에 별세. 재위

40년 중 7년 반은 헤브론에서 유대의 왕이 되었고, 33년간은 예루살렘에서 유대와 이스라엘의 왕이 되었다(삼하5:4-5).

30. 단

[원어이름] Dan

[이름의뜻] 심판관.

[인물평가] 우상숭배로 소멸된 지파.

[한자이름] 但(단) dàn

[특기사항] 라헬의 시녀 빌하가 낳은 야곱의 아들(창 30:6). 야곱이 축복 시에 단은 길섶의 뱀이오 샛길의 독사라 함(창 49:17).

31. 데마

[원어이름] Demas

[이름의뜻] 다스리는 자.

[인물평가] 신앙의 길을 떠나 세상을 택한 자.

[한자이름] 底馬(저마) dǐ mǎ

[특기사항] 바울의 동역자이자(몬 24) 바울이 편지로 문안했던 사람들 중의 하나이다(골 4:14). 그러나 그는 바울

이 두 번째 옥에 갇히자 이 세상을 사랑하여 바울을 버리고 신앙도 버리고 고향 데살로니가로 돌아갔다(딤후 4:10).

32. 데메드리오

[원어이름] Demetrius

[이름의뜻] 백성의 어머니.

[인물평가] 이해타산으로 복음을 배척한 자.

[한자이름] 底米丟(저미주) dǐ mǐ diū

[특기사항] 에베소 사람으로 은장색으로서 우상을 만들어 이익을 보다가 바울의 전도 때문에 영업에 방해가 되자 동업자들을 충동하여 바울에게 항의하였다(행 19:24).

33. 도르가

[원어이름] Dorcas

[이름의뜻] 노루.

[인물평가] 구제와 선행의 여제자.

[한자이름] 多加(다가) duō jiā

[특기사항] 욥바에 사는 여제자로, 선행과 구제를 주로 했던

여인이다(행 9:36). 다비다는 '노루 같은 여성' 또는 아름다움을 상징하는 '영양'의 뜻인 도르가의 아람어식 이름이다. 그녀는 모든 사람들에게 도움의 손길을 폈으며, 노인이나 과부들을 위해 속옷과 겉옷을 만들어 입혔다(행 9:39). 이렇게 선행과 구제에 힘썼던 그녀가 병들어 죽자 그곳의 제자들이 룻다에 머물고 있던 베드로를 급히 초청했으며, 베드로가 도착하자 그곳의 모든 과부들이 몰려와 그들이 받은 사랑을 베드로에게 말했다(행 9:37-39). 다비다는 베드로의 기도를 통해 다시 살아났으며(행 9:40), 무엇보다 이 사건을 계기로 욥바의 많은 사람들이 주를 영접하게 되었다(행 9:41-42).

34. 도마

[원어이름] Thomas

[이름의뜻] 쌍둥이.

[인물평가] 진솔한 신앙의 회의론자.

[한자이름] 多馬(다마) duō mǎ

[특기사항] 예수님의 열두 제자 중의 한 사람으로 디두모라고도 부른다(요 11:16; 20:24; 21:2). 그에 관해서는 요한복음에 주로 언급되어 있다. 예수님께서 베

다니로 가셔서 나사로를 살리려 하실 때 다른 제자들은 유대인들을 두려워하여 가시지 말라고 말렸던 반면 그는 앞장서서 "우리도 주와 함께 죽으러 가자"고 용감하게 말했다(요 11:16). 십자가에 달리시기 전 예수님은 제자들에게 이 사실을 말씀하셨지만, 그 뜻을 알아듣지 못했던 도마는 "주여 어디로 가시는지 우리가 알지 못하거늘 그 길을 어찌 알겠삽나이까?"라고 물었다(요 14:5). 이에 대해 예수님은 자신이 길이요 진리요 생명이라고 말씀하셨다(요 14:6). 또 그는 예수님의 부활을 의심하여 예수님의 옆구리에 손을 넣어 보지 않고는 부활을 믿을 수 없다고 했다(요 20:24-25). 하지만 8일 후 그에게 나타나신 예수님을 본 그는 "나의 주시며 나의 하나님이시니이다"(요 20:28)라고 신앙을 고백했다. 그 후 도마는 디베랴(갈릴리) 바다에서 제자들에게 다시 나타나신 예수님을 만났고(요 21:1-14), 승천하시는 것도 보았다(행 1:9-13).

35. 두발가인

[원어이름] Tubal cain

[이름의뜻] ?

[인물평가] 금속 가공의 시조.

[한자이름] 土八該隱(토발해은) tǔ bā gāi yǐn

[특기사항] 씰라가 낳은 라멕의 아들(창 4:22)로 구리와 쇠로 여러 가지 기구를 만드는 자(창 4:22).

36. 드루실라

[원어이름] Drusilla

[이름의뜻] 이슬이 내림.

[인물평가] 회개의 기회를 거부한 여인.

[한자이름] 土西拉(토서랍) tǔ xī lā

[특기사항] 헤롯 대왕의 손녀이며 헤롯 아그립바 1세의 막내딸. 유대인이었던 그녀는 6세 무렵에 에피파네스가 유대교인이 된다(할례를 받는다)는 조건으로 약혼했으나 그가 이 약속을 지키지 않아 파혼 후 이 조건을 받아들인, 에메사의 왕이었던 아지주스와 결혼. 하지만 그녀는 이 남편과 이혼하고 그녀를 사모했던 유대 총독 벨릭스와 결혼했다(행 24:24).

37. 드보라

[원어이름] Deborah

[이름의뜻] 꿀벌.

[인물평가] 이스라엘의 유일한 여사사.

[한자이름] 底波拉(저파랍) dǐ bō lā

[특기사항] 이스라엘 여사사로 그녀의 남편은 랍비돗이다(삿 4:4). 이름의 뜻은 '꿀벌'이며 20년 동안 사사로 활동했고 종려나무 아래에서 이스라엘 백성들을 재판했다(삿 4:5). 또한 이스라엘 장군 바락에게 승리를 예언하면서 가나안 군대와 싸울 것을 권면했고(삿 4:6-7) 바락과 함께 전쟁터에 나간 용감한 여인이었다(삿 4:14).

[동명이인] • 야곱의 처 리브가의 유모(창 35:8).

38. 들릴라

[원어이름] Delilah

[이름의뜻] 약한 자.

[인물평가] 재물에 미혹되어 사랑을 버린 여인.

[한자이름] 大利拉(대리랍) dà lì lā

[특기사항] 블레셋 땅 소렉 골짜기에 살았던 여인이며, 창녀로 추측됨(삿 16:4). 그녀는 삼손의 사랑을 받았으나

블레셋 사람들로부터 은 1,100개를 받는 조건(삿 16:5)으로 삼손의 힘의 근원을 알아내고자 했다. 세 번(삿 16:6-9, 10-12, 13-14)의 시도 끝에 결국 그의 힘이 머리카락으로부터 나온다는 것을 알아낸(삿 16:17) 들릴라는 삼손의 머리카락 일곱 가닥을 밀어 힘을 잃게 한 뒤 블레셋 사람들에게 잡혀가게 하였다(삿 16:19-21).

39. 디나

[원어이름] Dinah

[이름의뜻] 심판.

[인물평가] 강간당한 비극의 소녀.

[한자이름] 底拿(저나) dǐ ná

[특기사항] 밧단아람에 있을 때 야곱이 레아와의 사이에서 얻은 딸이다(창 30:21; 46:15). 야곱이 가나안 땅 세겜에 정착한 지 얼마 후 디나는 그 땅에 있는 여자들을 보러 나갔다가 히위 족속 하몰의 아들인 세겜에게 강간당했다(창 34:1-2). 세겜은 디나를 사랑하여 그녀와 결혼하고자 했고(창 34:4), 아버지 하몰과 함께 야곱을 찾아가서 혼인을 허락해 달라고 청했다(창 34:8-12). 이때 야곱의 아들들은 세

겜을 비롯한 남자들이 다 할례를 받아야 한다는 조건을 내걸어(창 34:15) 모든 남자들이 할례를 받게 했다(창 34:24). 그러나 사흘째 되는 날 야곱의 아들 중 시므온과 레위가 이들을 습격하여 하몰과 세겜은 물론 모든 남자들을 죽이고 노략하였다(창 34:26-27). 이 사건으로 야곱은 시므온과 레위가 그들로부터 보복을 받지 않을까 걱정했으며(창 34:30), 또한 임종할 때 이 사건으로 인해 시므온과 레위를 저주했다(창 49:5-7).

40. 디도

[원어이름] Titus

[이름의뜻] 공경한다.

[인물평가] 신실한 복음 사역자.

[한자이름] 提多(제다) dī duō

[특기사항] 바울에 의해 복음을 듣고 그리스도인이 된 헬라 사람이다(갈 2:3; 딛 1:4). 그리스도인이 된 후에는 바울의 좋은 동역자가 되어 복음을 전하는 일에 협력하였다(고후 8:23). 바울의 3차 전도 여행 동안에 디도는 바울의 편지를 들고 고린도 교회에 갔다(고전 1-6장; 고후 2:4, 13; 7:5-16; 12:18). 후에 디도

는 드로아에서 바울을 만나기로 했지만 만나지 못하고(고후 2:12-13) 마게도냐에서 바울을 만나(고후 7:5-7) 바울이 예루살렘 공회에 갈 때에 동행(갈 2:13)하였으며 고린도에서 전도하고 그 다음 그레데 섬에서 목사로 다년간 시무하다가 종신하였는데 바울 서신을 받을 때는 주후 65년경이었다(딛 1:5).

41. 디모데

[원어이름] Timothy

[이름의뜻] 하나님을 공경하는 자.

[인물평가] 경건한 젊은 목회자.

[한자이름] 提摩太(제마태) dī mō tài

[특기사항] 디모데의 아버지는 헬라인이었다(행 16:1). 그래서 그는 할례를 받지 않았던 것 같다(행 16:3). 그러나 그가 유대인들에게 복음을 전해야 했고 또한 그의 어머니가 유대인이었기 때문에 바울은 그에게 할례를 베풀었다(행 16:3). 어린 시절에 어머니 유니게와 외조모 로이스는 그에게 성경을 가르쳤다(딤후 1:5; 3:15). 루스드라 출신인 그는 바울의 첫 번째 전도 여행 때 회심했으며(행 14:6-23) 바울은 그를 믿음으로 낳은 아들이라고 표현했다(고전 4:17; 딤전

1:2; 딤후 1:2). 바울이 두 번째 전도 여행 중 루스드라에 왔을 때 디모데는 그곳의 믿는 자들 사이에서 존경받는 제자로 알려져 있었고(행 16:1-2) 바울은 그에게 자신과 동역해 줄 것을 요청했다(행 16:3).

:: ㄹ

42. 라멕

[원어이름] Lamech

[이름의뜻] 능력 있는 것.

[인물평가] 복수의 칼을 노래한 가인의 후손.

[한자이름] 拉麥(랍맥) lā mài

[특기사항] 가인의 후손으로 그의 아들들은 창세기 홍수 사건 이전에 동철을 가지고 기구를 만들고, 수금을 타고 퉁소를 불며, 유목 생활을 시작한 사람들의 조상이 되었다(창 4:18). 라멕의 아버지는 므드사엘이고, 아내는 아다와 씰라, 아들들은 야발, 유발, 두발가인이며 딸은 나아마이다(창 4:18-26). 라멕 자신은 하나님이 세우신 이상적인 결혼제도인 일부일처제를 파기했을 뿐 아니라 자신에게 작은 상처를 입힌 사람을 살해하고도 그 일을 정당화시키려고

사실을 왜곡시킨 사람이다(창 4:23-24 참고).

[동명이인] • 셋의 7대 손으로서 노아의 아버지(창 5:25, 대상 1:3)인데 가인의 계통으로, 알려진 바에 의하면 므드셀라의 아들로 아다와 씰라를 아내로 취하여 일부다처주의를 시작한 인물로 알려짐.

43. 라반

[원어이름] Laban

[이름의뜻] 흰 빛.

[인물평가] 탐욕스러운 이기주의자.

[한자이름] 拉班(랍반) lā bān

[특기사항] 브두엘의 아들이요 리브가의 오라비요 야곱의 외숙이며 장인(창24:15, 28:5, 29:21-30)인데 하란에 거하며 많은 양떼를 가졌으나 욕심이 많고 인색하고 교활하여 자기 사위 야곱을 열 번이나 속여 이익을 보려다가 도리어 지모가 많은 야곱에게 손해를 보았다(창 30:~31:).

44. 라합

[원어이름] Rahab

[이름의뜻] 넓다.

[인물평가] 믿음으로 구원을 얻은 기생.

[한자이름] 喇合(라합) lǎ hé

[특기사항] 여리고 성에 살고 있던 가나안인 기생이다(수 2:1). 그녀는 여호수아가 정탐 보냈던 두 명의 정탐꾼을 자기 집에 숨겨 주고(수 2:1-7) 그 대신 이스라엘이 여리고를 칠 때 자신과 자신의 가족들을 살려 줄 것을 약속 받았다(수 2:12-13). 이것은 하나님이 가나안 땅을 이스라엘 백성에게 주셨다는 것을 믿음으로 고백한 용기있는 행동이었으며, 실제로 여리고 성이 함락되었을 때 라합과 그의 가족들은 구원받았다(수 6:22-25).

45. 라헬

[원어이름] Rachel

[이름의뜻] 암양.

[인물평가] 질투심 강한 믿음의 여인.

[한자이름] 拉結(랍결) lā jié

[특기사항] 라반의 둘째 딸로 야곱의 아내이자 요셉, 베냐민의 어머니이다(창 29:16). 양떼를 돌보던 그녀는 리브

가가 아브라함의 종 엘리에셀을 만났던 것처럼 우물에서 사촌인 야곱을 만났다(창 29:5-12). 그녀의 아버지 라반은 야곱에게 라헬과 결혼시켜 주겠다는 약속을 하여 7년 간 일하게 했으나, 그녀는 아버지의 속임수로 언니가 야곱과 먼저 결혼하는 것을 지켜보아야 했으며 언니가 결혼한 7일 후에 야곱과 결혼할 수 있었다(창 29:23-30). 하란을 떠나올 때 라헬은 아버지 집의 수호신인 드라빔을 훔쳤고(창 31:19) 뒤쫓아 온 아버지에게 들키지 않고 감추었다(창 31:33-35). 그녀는 베냐민을 낳다가 죽었는데 벧엘과 베들레헴 사이에 장사되었다(창 35:19).

46. 레아

[원어이름] Leah

[이름의뜻] 암소.

[인물평가] 하나님의 은총을 입은 여인.

[한자이름] 利亞(리아) lì yà

[특기사항] 야곱의 외삼촌 라반의 맏딸(창 29:16)로, 야곱과는 사촌이자(창 29:15) 그의 첫째 부인이었다(창 29:22-25). 레아는 '안력이 부족'했던 반면 그의

동생 라헬은 언니보다 더 곱고 아리따웠다. 동생 라헬이 야곱과 결혼하기로 되었으나 라반의 속임수로 그녀가 먼저 야곱과 결혼하였다(창 29:23). 하나님께서는 야곱의 사랑을 받지 못한 레아에게 자녀의 복(6남 1녀)을 주셨다. 르우벤, 시므온, 레위, 유다, 잇사갈, 스불론, 그리고 야곱의 고명딸 디나였다(창 29:31-35; 30:14-24). 레아는 나중에 야곱을 따라 가나안으로 이주했다. 야곱이 사랑했던 라헬은 베들레헴 근처의 무덤에 묻혔던 반면에 레아는 아브라함과 사라와 이삭과 리브가가 묻혔던 막벨라 굴에 장사되었으며(창 49:30-31), 야곱도 그녀와 함께 이곳에 묻혔다.

47. 레위

[원어이름] Levi

[이름의뜻] 연합. 친함.

[인물평가] 참혹한 복수극의 주인공.

[한자이름] 利未(리미) lì wèi

[특기사항] 야곱의 세 번째 아들로 어머니는 레아이다(창 29:34). 그와 시므온은 여동생인 디나를 욕보였던 히위 족속 하몰의 아들, 세겜(창 34:2)에게 복수하였

다(창 34:25-26). 훗날 야곱이 아들들을 축복할 때 레위는 오히려 저주를 받았고 이스라엘 중에서 흩어질 것이라는 말을 들었다(창 49:5-7). 애굽에 내려갈 때 레위는 게르손, 그핫, 므라리 세 아들을 데리고 갔으며(창 46:11), 137세에 죽었다(출 6:16).

[동명이인] • 예수의 선조 중 한 사람으로 시므온의 아들(눅 3:29).
• 예수의 선조 중 한 사람으로 멜기의 아들(눅 3:24).
• 알패오의 아들인데 세리 마태와 동일인으로 추정(막 2:14, 눅5:27-29).

48. 로데

[원어이름] Rhoda

[이름의뜻] 장미.

[인물평가] 베드로를 영접한 계집종.

[한자이름] 羅大(라대) luó dà

[특기사항] 마가 요한의 어머니 마리아의 집에서 일하던 여종이다(행 12:13). 감옥에서 나온 베드로가 마가의 집에 도착해 대문을 두드리자 그녀는 그가 베드로인 것을 알아채고 문을 열지도 않은 채 안으로 들어가

베드로가 대문 밖에 서 있다고 전했다(행 12:14). 하지만 이 말을 들은 사람들은 그녀를 향해 미쳤다고 했다(행 12:15).

49. 로이스

[원어이름] Lois

[이름의뜻] 유쾌한.

[인물평가] 신앙의 유산을 물려준 믿음의 여인들.

[한자이름] 羅以(라이) luó yǐ

[특기사항] 디모데의 외조모이며 유니게의 어머니로 디모데에게 경건한 믿음의 유산을 물려주었 다(딤후 1:5).

50. 롯

[원어이름] Lot

[이름의뜻] 가리웠다.

[인물평가] 세속에 물든 우유부단한 신앙인.

[한자이름] 羅得(라득) luó dé

[특기사항] 하란의 아들, 아브라함에게는 조카인 롯은 아름다운 소돔 평원으로 가고 아브라함은 가나안에 거하였다(창 11:27, 13:10-12). 소돔성이 악하여 하나

님이 유황불로 멸망시킬 때 의인 롯의 가족만 구원 받았는데 그의 처는 재물을 돌아보다가 소금 기둥이 되었다(창 19: 눅 17:32).

51. 루디아

[원어이름] Ludya

[이름의뜻] 생산.

[인물평가] 마게도냐(마케도니아) 최초의 개종자.

[한자이름] 呂底亞(려저아) lǚ dǐ yà

[특기사항] 빌립보에서 바울의 설교를 듣고 그리스도인이 된 최초의 유럽인이다(행 16:14). 그녀와 온 가족이 바울에게 세례를 받고 바울을 그녀의 집으로 초대하였다(행 16:14-15). '자색 옷감 장수'라는 말로 미루어 보아 그녀는 대단한 부자였을 것이다(행 16:12-15, 50).

52. 룻

[원어이름] Ruth

[이름의뜻] 우정, 협력.

[인물평가] 효성과 신앙이 뛰어난 모압 여인.

[한자이름] 路得(로득) lù dé

[특기사항] 사사 시대에 살았던 모압 여인이다(룻 1:4). 룻은 유대인 엘리멜렉의 아들 말론과 결혼했다가(룻 1:1-4; 4:10) 과부가 되었다(룻 1:5). 그 후 그녀는 자기 족속에게 돌아가지 않고, 베들레헴으로 돌아가는 시어머니 나오미를 좇아서 유대 땅으로 갔다(룻 1:16-18). 유대 땅에서 나오미를 잘 봉양했던 룻은 보아스와 결혼하였다(룻 4:13).

[동명이인] • 셈의 아들은 엘람과 앗수르와 아르박삿과 룻과 아람이요(창 10:22).

53. 르우벤

[원어이름] Reuben

[이름의뜻] 보라 아들이라.

[인물평가] 장자권을 잃은 야곱의 맏아들.

[한자이름] 流便(류편) liú biàn

[특기사항] 레아가 잉태하여 아들을 낳고 그 이름을 르우벤이라 하여 가로되 여호와께서 나의 괴로움을 권고하셨으니 이제는 내 남편이 나를 사랑하리로다 하였더라(창 29:32). 레아의 비천한 처지를 돌아보신 하나님의 은총에 대한 감사의 뜻을 아들의 이름에 표현했

던 것이다. 너무나 분에 넘치는 아들이었기에 르우벤 이라 이름 지었으나 장자의 기득권을 빛나게 발휘하지 못했으며 레아가 기대한 만큼 이름값을 못했다.

54. 르호보암

[원어이름] Rehoboam

[이름의뜻] 백성을 번성케 함.

[인물평가] 왕국의 분열을 초래한 왕.

[한자이름] 羅波安(라파안) luó bō ān

[특기사항] 솔로몬이 암몬 여인 나아마와의 사이에서 낳은 아들로 통일왕국 최후의 왕이다(왕상 14:21, 31).

솔로몬 사후에 이스라엘 백성들이 세겜에서 그를 왕으로 삼고자 했을 때 여로보암과 열 지파들이 무거운 세금과 강제 노역에 대해 불만을 토로했다(왕상 12:3-4). 그러나 이 건의가 받아들여지지 않자 결국 북쪽의 열 지파가 여로보암을 지도자로 세웠고 북이스라엘과 남유다로 분열되는 비극이 일어났다(왕상 12:12-14; 20). 유다와 베냐민에 의해 남유다의 왕으로 세워진 르호보암은 군대를 결성하여 북왕국을 치려고도 했으나 이를 막으시는 하나님의 뜻을 전해 듣고 포기하였다(왕상 12:21-24; 대하 11:1-4). 그 후 르호보암은 하나님께 순종하고 (대하 11:4) 북이스라엘로부터 레위 족속과 제사장을 받아들이는 선정을 베풀기도 했다(대하 11:13-14). 하나님의 말씀에 순종했던 3년 동안 그는 경제적, 군사적으로 강한 나라를 세웠다(대하 11:12).

55. 리브가

[원어이름] Rebekah

[이름의뜻] 그물 끈.

[인물평가] 야곱을 편애한 족장 이삭의 아내.

[한자이름] 利百加(리백가) lì bó jiā

[특기사항] 이삭의 아내로 브두엘의 딸이며 라반의 누이(창 22:23; 24:29; 25:20). 이삭과 결혼한 후 20여 년 동안 아이를 갖지 못하다가 이삭의 기도로 이삭이 60세 되던 해에 쌍둥이 아들, 에서와 야곱을 낳았다(창 25:21-26).

56. 마가

[원어이름] Mark

[이름의뜻] 큰 망치.

[인물평가] 믿음의 조력자요 나눔의 사람.

[한자이름] 馬可(마가) mǎ kě

[특기사항] 마가복음을 기록한 사람으로 예루살렘의 부유한 레위 가정에서 태어났다. 본래 유대식 이름은 '요한'이지만 '마가[Markos]'라는 로마식 이름으로 더 잘 알려진 그는 일찍이 아버지를 잃고 편모슬하에서 성장하였다(행 12:12). 어머니 마리아는 신실한 신앙인이어서 그의 집을 가정 기도회에 참석하고 그의 집을 방문한 사도들과 교제하는 가운데 마가의 마음에는 신앙이 자연스럽게 뿌리내리기 시작하였다(행 12:12, 골 4:10).

57. 마르다

[원어이름] Martha

[이름의뜻] 숙녀.

[인물평가] 헌신적인 봉사의 여인.

[한자이름] 馬大(마대) mǎ dà

[특기사항] 베다니 마을에 살던 나사로의 누나이며 마리아의 언니(눅 10:38, 요 11:1-12:2). 이들은 예수님의 사랑을 많이 입은 사람들이었으며 예수님도 이들 집에 직접 방문하셔서 이들과 교제하셨다. 마르다는 예수님이 오신다는 소식을 접하고 마리아보다 먼저 나가 예수님을 맞이하였다(요 11:20).

58. 마리아

[원어이름] Mary

[이름의뜻] 히브리어 미리암(출 15:20), 아람어 마리암의 헬라어 음역으로 '사랑받는', '높여진'이란 뜻을 가진 성경에 자주 등장하는 여자의 이름.

[인물평가] 우리 주 예수 그리스도의 모친.

[한자이름] 馬利亞(마리아) mǎ lì yà

[특기사항] 요셉의 아내이자 예수님과 야고보, 요셉, 유다, 시몬을 비롯한 예수의 형제들의 어머니(막 6:3-4).

[동명이인] • 나사로와 마르다의 동생 마리아는 주께 헌신한 믿음의 여인. 조용한 성격의 소유자로 예수님의 말씀 듣기를 좋아했으며(눅 10:42) 값비싼 향유를 예수님 발에 부을 만큼 예수님을 사랑한 여인(요 11:1-2; 12:3-8).

- 은총에 감사하며 살아간 여인 막달라 마리아(눅 8:2)
- 야곱과 요세(요셉)의 어머니 마리아는 갈릴리 사람으로 예수님을 끝까지 따랐던 여인 가운데 하나(마 27:55-56). 예수님이 십자가에 달려 죽으실 때 곁에서 그 모습을 지켜본 여인(막 15:40-41). '다른 마리아'로도 기록됨(마 27:61; 28:1). 글로바의 아내 마리아와 동일 인물로 추정됨(요 19:25).
- 초대교회 때 성도들이 모여 기도하는 처소로 자주 집을 제공한 요한 마가의 어머니 마리아(행 12:12).
- 바울이 로마 교회에 문안 인사를 하도록 말한 성도 중 하나(롬 16:6).

59. 마태

[원어이름] Matthew

[이름의뜻] 하나님의 선물(연합하다).

[인물평가] 사도로 쓰임 받은 세리.

[한자이름] 馬太(마태) mǎ tài

[특기사항] 레위지파의 후손인 알패오의 아들로 태어남. 성령

이 충만하여진 마태는 천국복음을 전하며 스스로를 낮추고 예수그리스도만을 높이는 충성된 청지기가 되었다. 또한 유대인들을 위해 [마태복음]을 기록하여 왕되신 예수 그리스도를 증거하고 사랑의 빚을 갚는 헌신된 삶을 살았다.

60. 말라기

[원어이름] Malachi

[이름의뜻] 나의 사자, 나의 천사. 큰 소유.

[인물평가] 구약의 마지막을 장식한 자.

[한자이름] 瑪拉基(마랍기) mǎ lā jī

[특기사항] 구약의 마지막 책인 말라기의 저자(말 1:1).

61. 메삭

[원어이름] Meshach

[이름의뜻] 누구냐.

[인물평가] 영원한 믿음의 친구들(사드락, 아벳느고).

[한자이름] 米煞(미살) mǐ shà

[특기사항] 다니엘과 함께 바벨론으로 끌려갔던 세 친구 사드락, 메삭, 아벳느고 중의 한 사람이다. 원래 이름은

미사엘이며 메삭은 바벨론식 이름이다(단 1:7). 다니엘은 느부갓네살 왕에게 요청하여 바벨론의 도시를 다스리는 일을 세 친구에게 맡기게 했다(단 2:49). 이들은 후에 바벨론의 신을 섬기지 않고 금 신상에 절하지 않았다는 이유로 풀무에 던져졌으나 하나님께서 구하셨다(단 3:12-26). 아무런 상처 없이 살아난 그들로 인해 느부갓네살 왕은 이같이 사람을 구원할 다른 신은 없다고 하며 하나님을 찬송했다(단 3:27-30).

62. 멜기세댁

[원어이름] Melchizedek

[이름의뜻] 의의 왕.

[인물평가] 그리스도를 예표한 영원한 대제사장(시 110:4).

[한자이름] 麥基洗德(맥기세덕) mài jī xǐ dé

[특기사항] 아브라함과 동시대 인물로 살렘(예루살렘) 왕이었으며, 지극히 높으신 하나님의 제사장(창 14:18).
히브리서 기자는 예수님을 레위 지파나 아론의 자손이 아닌 '멜기세덱의 제사장'이라고 말했다(히 5:1-10; 6:20). 그리고 멜기세덱은 탄생, 아비, 어미, 족보, 죽음 등에 대한 기록이 전혀 없는 아주

독특한 사람이라고 말했다(히 7:3). 이러한 면은 멜기세덱을 통해 예수 그리스도의 모형을 설명하고 있는 것이다.

63. 모르드게

[원어이름] Mordecai

[이름의뜻] 바벨론 신 마르닥에서 유래된 이름일 것으로 추측.

[인물평가] 하만의 궤계를 물리친 민족의 파수꾼.

[한자이름] 末底改(말저개) mò dǐ gǎi

[특기사항] 스룹바벨과 함께 바벨론 포로에서 귀환한 이스라엘 백성들의 지도자이다(스 2:2; 느 7:7). 에스더서에 나오는 유대인으로, 베냐민 자손이다(에 2:5). 그는 기스의 증손, 시므이의 손자이자 야일의 아들이었는데, 모르드개라는 이름은 마르둑 신에서 유래된 바벨론식 이름이었다. 당시 모르드개는 궁중에서 일을 맡고 있었다(에 2:5). 또한 그는 사촌인 에스더를 양육하고, 그녀가 아하수에로 왕의 왕비가 되는 것을 도왔다. 모르드개는 자신과 에스더가 유대인이라는 것을 숨겼으며(에 2:10, 20), 하나님의 율법을 아는 유대인이었기 때문에 하만에게 꿇어 절하는 것을 거부했다. 하만에게 모함당했던 모

르드개는 결국 모든 음모를 이겨내고 온 유대인의 목숨을 구했으며(스 7장), 후에는 아하수에로 다음가는 사람이 되어 유다 백성들의 이익을 도모하였다(에 10:3).

64. 모세

[원어이름] Moses

[이름의뜻] 건져내다, 들어올리다.

[인물평가] 출애굽의 위대한 지도자.

[한자이름] 摩西(마서) mó xī

[특기사항] 레위의 후손으로 아버지 아므람과 어머니 요게벳 사이에서 아론과 미리암의 동생으로 태어났다(출 2:1; 6:20; 민 26:59).

모세는 당시 애굽의 박해로 갈대 상자에 넣어 나일 강물에 띄웠는데 마침 애굽의 왕녀가 발견하고 데려다가 양자를 삼고 모세의 어머니 요게벳은 유모로 들어가 바로의 궁전에서 40년간 양육 받으며 애굽의 학술에 통달하였다(행 7:22).

65. 므낫세

[원어이름] Manasseh

[이름의뜻] 잊어버리게 하다.

[인물평가] 초기의 악정을 말년의 회개로 용서받은 왕.

[한자이름] 瑪拿西(마나서) mǎ ná xī

[특기사항] 요셉의 장남으로 제사장 보디베라의 딸인 아스낫과의 사이에서 얻은 아들(창 41:51). 야곱은 손자인 므낫세 에브라임을 아들처럼 생각하여 르우벤과 시므온처럼 내 것이 될 것이라고 했다(창 48:5).

[동명이인]
- 유다왕인 히스기야의 아들(왕하 20:21). 할아버지는 아하스이며 어머니는 헵시바(왕하 21:1).
- 이방여인과 결혼했던 사람으로 에스라의 종교개혁 때 아내를 자기 나라로 돌려보내겠다고 약속했던 사람(스 10:30).

66. 미가

[원어이름] Micah

[이름의뜻] 여호와와 같은 이가 누구뇨!

[인물평가] 기복적 신앙을 가진 범신론자.

[한자이름] 米迦(미가) mǐ jiā

[특기사항] 사사시대에 에브라임 산지에 살던 사람. 집안에다

은전 200을 들여 우상을 만들어 놓고 레위인 나그네 한 사람을 제사장으로 삼았다. 후일 단 지파가 북쪽으로 이주할 때 제사장을 억지로 끌고 갔고 우상도 뺏어갔다(삿 17:13).

[동명이인] • 르우벤 지파의 한 족장(대상 5:5).
• 므비보셋의 아들(삼하 9:12, 대상 8:34).
• 웃시엘의 아들 고핫의 제사장(대상 23:20).
• 압돈의 아비(왕하 22:12, 대하 34:20).
• 미가서의 저자. 블레셋 지경의 모라셋 출신(미 1:1).

67. 미갈

[원어이름] Michal

[이름의뜻] 누가 하나님 같으랴!

[인물평가] 다윗을 사랑했으나 이해하지 못한 여인.

[한자이름] 米甲(미갑) mǐ jiǎ

[특기사항] 사울 왕의 둘째 딸이자 메랍의 동생으로서, 다윗 왕의 첫 아내이다(삼상 14:49). 미갈은 자신이 다윗을 사랑하고 있음을 아버지 사울에게 고하였고(삼상 18:20), 사울은 블레셋 사람의 양피 100개를 가져오는 조건으로 다윗에게 미갈과의 결혼을

제안했다(삼상 18:21-25). 이에 다윗은 양피 200개를 가져와 미갈을 아내로 얻었다(삼상 18:27). 이후 미갈은 다윗을 죽이려는 사울의 계획을 알고는 남편을 탈출시켰다(삼상 19:11-17). 그 후 미갈은 사울에 의해 발디의 아내가 되었고(삼상 25:44) 다시 다윗이 아브넬과 협정을 맺음으로 다윗의 아내가 되었다(삼하 3:12-14). 그녀는 다윗 성에 법궤가 들어오던 날 기뻐서 춤추는 다윗을 보고 업신여겼다(삼하 6:18).

68. 미리암

[원어이름] Miriam

[이름의뜻] 높이운 자.

[인물평가] 최초의 여선지자.

[한자이름] 米利暗(미리암) mǐ lì àn

[특기사항] 레위 지파의 아므람과 그의 아내 요게벳 사이에 태어난 딸로, 모세와 아론의 누이이다(민 26:59; 대상 6:3). 바로 왕의 남아 살해 정책으로 요게벳이 모세를 석 달 동안 숨겨 키우다가 더 이상 숨길 수 없게 되자 갈대 상자를 만들어 아기를 넣고 나일강에 띄워 보내었고, 미리암은 멀리서 이 광경을 지켜

보았다(출 2:1-4). 미리암은 바로의 딸이 갈대 상자를 발견했을 때 어머니를 모세의 유모로 지혜롭게 추천했다(출 2:5-10). 하나님의 놀라운 기적으로 홍해를 건넌 후 소고를 잡고 춤을 추며 노래하자 모든 이스라엘의 여인들도 미리암을 따라했다. 이때 그녀에게 '여선지자'라는 칭호가 사용되었다(출 15:20). 후에 모세가 구스 여인과 결혼하자 아론과 함께 모세를 비방했다(민 12:1). 그녀는 자기도 하나님의 메시지를 대언하는 중보자임을 주장한 것이다(민 12:3). 그러나 하나님께서는 모세와의 특별한 관계를 말씀하시고, 모세의 권위와 리더십에 도전한 미리암에게 문둥병이라는 형벌을 내리셨다(민 12:6 이하). 다행히 그녀는 모세의 중보기도로 용서함을 받게 되었고 7일 간 진 밖에 머무는 의식을 통과한 후 다시 합류하게 되었다(민 12:13-16). 미리암은 이스라엘 자손이 신 광야의 가데스에 이르렀을 때 죽었고, 그곳에 장사되었다(민 20:1).

[동명이인] • 유다 지파 에스라의 손자이다(대상 4:17).

69. 바나바

[원어이름] Barnabas

[이름의뜻] 위로의 아들. 권위자.

[인물평가] 착한 사람이요 성령과 믿음이 충만한 자.

[한자이름] 巴拿巴(파나파) bā ná bā

[특기사항] 구브로 섬 출신의 유대인이다(행 4:36). 그의 본명은 요셉이며 바나바라는 이름은 '위로의 아들' 또는 '권위자'란 뜻이다. 부유한 지주 출신이었던 그는 자신이 가진 재산을 교회 앞에 내놓았고(행 4:37) 착하고 믿음과 성령이 충만한 사람이라는 칭찬을 받았다(행 11:24).

70. 바디매오

[원어이름] Bartimaeus

[이름의뜻] 디매오의 아들.

[인물평가] 믿음으로 고침 받은 소경.

[한자이름] 巴底買(파저매) bā dǐ mǎi

[특기사항] 디매오의 아들로 소경인 그는 여리고의 길가에서 구걸하던 거지였다(막 10:46). 그는 예수님이 그곳을 지나가신다는 말을 듣고 적극적으로 예수님께

구원을 요청하여 눈이 치유되었다(막 10:47-52). 바디매오란 뜻은 '디매오의 아들'을 의미한다. 따라서 '디매오의 아들 바디매오'라는 표현은 같은 말이 두 번 반복된 것이다(막 10:46).

71. 바라바

[원어이름] Barabbas

[이름의뜻] 그의 아들.

[인물평가] 예수님 대신 놓임 받은 죄수.

[한자이름] 巴拉巴(파랍파) bā lā bā

[특기사항] 예수님께서 십자가에 못 박힐 당시, 수감되어 있었던 유명한 죄수로 폭도였으며 살인자였다(마 27:16; 눅 23:19). 빌라도가 예수님을 풀어주려고 할 때 군중들은 '바라바'라고 외쳤다(마 27:21). 빌라도는 그들의 요구대로 바라바를 놓아주고 예수님을 십자가에 못박았다(막 15:15). 그 후 바라바의 행적에 대해서는 알려진 바가 없다.

72. 바르실래

[원어이름] Barzillai

[다른이름] 바실래(열왕기상 2:7).

[인물평가] 신실하고 겸손한 부호.

[한자이름] 巴西萊(파서래) bā xī lái

[특기사항] 로글림의 길르앗에 살던 부유한 노인으로 압살롬을 피해 도망가던 다윗과 그의 부하들을 융숭하게 대접한 사람이다(삼하 17:27-29; 19:32). 다윗이 압살롬의 난을 평정하고 예루살렘으로 돌아갈 때 요단 강까지 함께 갔으나 왕궁으로 함께 가자는 다윗의 제안을 겸손하게 거절하였다(삼하 19:31-37). 그대신 자기의 아들(왕의 종) 김함을 다윗의 손에 부탁했다(삼하 19:37). 다윗은 그가 죽기 전 바르실래의 공덕으로 솔로몬에게 그의 후손들을 선대하라고 부탁하였다(왕상 2:7). 열왕기상 2:7에는 '바실래'로 나온다.

[동명이인] • 길르앗 사람 바르실래의 딸을 아내로 삼은 제사장으로 장인의 이름을 이어받았다(스 2:61).

73. 바울

[원어이름] Paul

[이름의뜻] 작은 자.

[인물평가] 위대한 복음 전도자

[한자이름] 保羅(보라) bǎo luó

[특기사항] 예수님의 인격과 사역의 의미를 해석하는 데 있어서 가장 큰 공헌을 한 신약 시대의 인물이다. '대머리와 휜 다리에 눈썹은 서로 맞닿고 코는 메부리에 단신의 다부진 체구를 가진 호감에 찬 사나이, 그는 인간의 모습에 천사의 얼굴을 가진 자이다.' 이것이 2세기 '바울과 테크라의 행적'이라는 한 외경에 묘사된 바울의 인물 스케치이다. 한때는 기독교의 핍박자였던 그가 다메섹에서의 회심을 통해 신약 성경의 방대한 부분을 기록한 성경의 저자요 위대한 신학자로, 노련한 목회자요 설교자로, 또 유대인 공동체의 울타리를 넘어 이방세계로 나아간 선교사가 된 그의 삶 자체가 하나의 메시지다. 바울에 대한 이해는 그가 활동했던 AD1세기 유대-헬라의 문화적 배경을 이해함으로써 더 잘 이해될 수 있다. 길리기아의 다소 출신으로 가말리엘 문하에서 율법의 엄한 교육을 받았다(행 22:3).

복음의 진리에 대한 확신을 가지고 30년간 선교사

로서 눈부신 활동을 하였다(고전 9:10).

74. 발람

[원어이름] Balaam

[이름의뜻] 탐닉자. 백성을 파멸시키는 자.

[인물평가] 탐욕에 물든 술사.

[한자이름] 巴蘭(파란) bā lán

[특기사항] 메소포타미아의 유명한 복술가이고 베돌성 아몬 강변에 사는 브올의 아들로 선지자이다(민 22:5). 그는 모압 왕 발락의 명을 받아 복술의 예물을 가지고 찾아온 모압 장로들과 미디안 장로들로부터 이스라엘 백성을 저주해 달라는 부탁을 받았다(민 22:2-6). 그러나 발람은 그들과 함께 가지도 말고 저주하지도 말라는 하나님의 말씀을 듣고 그들의 청을 거절하였다(민 22:12-13). 두 번째 발락의 제안을 받았을 때는 하나님이 하시는 말씀만 전하라는 하나님의 말씀을 듣고 모압 귀족들과 함께 떠났다(민 22:15-21).

75. 밧세바

[원어이름] Bathsheba

[이름의뜻] 맹약의 여자.

[인물평가] 죄가 많으나 은총을 입은 여인.

[한자이름] 拔示巴(발시파) bá shì bā

[특기사항] 길로 사람 아히도벨의 손녀이며(삼하 16:23; 23:34) 엘리암의 딸(삼하 11:3-4). 암미엘의 딸로도 기록됨(대상 3:5). 헷 사람 우리아의 아내였으나 다윗과 불륜의 관계를 맺은 후 다윗의 아내가 되었다(삼하 11:3-4; 12:24). 다윗과의 사이에서 첫 아이를 낳았으나 하나님의 징계로 아이를 잃게 되었고(삼하 12:15-23) 후에 시므아, 소밥, 나단, 솔로몬을 낳았다(대상 3:5).

76. 베냐민

[원어이름] Benjamin

[이름의뜻] 오른손의 아들.

[인물평가] 이스라엘을 지킨 파수꾼.

[한자이름] 便雅憫(변아민) biàn yǎ mǐn

[특기사항] 라헬에게서 낳은 야곱의 막내아들이고 요셉의 동생이다(창 35:18). 그는 벧엘에서 아브랏으로 가

는 도중 라헬이 그를 낳다가 죽어가며 '내 슬픔의 아들'이란 뜻의 '베노니'로 불렀으나 야곱은 '오른손의 아들'이란 뜻의 '베냐민'으로 불렀다(창 35:18). 그는 야곱과 그의 형제들에게 사랑을 많이 받았다(창 43:36-38). 야곱은 요셉을 잃고 난 후 베냐민에게 사랑을 쏟았던 것 같다. 베냐민을 데려오라는 애굽 총리 요셉의 말을 전해 들은 야곱은 그를 잃을까 심히 걱정하였다(창 42:38). 요셉에게도 많은 사랑을 받았는데 그는 요셉에게서 다른 형제보다 5배나 더 되는 식물을 받았다(창 43:34).

[동명이인] • 빌한의 아들. 베냐민의 자손 중 한 사람(대상 7:10).
• 하림의 아들. 외국 여인과 결혼한 사람(스 10:32).
• 예루살렘 한 성문의 이름(렘 20:2, 37:13, 38:7, 슥 14:10).

77. 베드로

[원어이름] Peter Shimon

[이름의뜻] 반석.

[인물평가] 교회의 반석이 된 수석 사도.

[한자이름] 彼得(피득) bǐ dé

[특기사항] 벳세다 출신으로(요 1:44) 요나(요한)의 아들이다(마 16:17; 요 1:42; 21:15-17). 안드레의 형제인데 본명은 히브리어로 시몬(Shimon)이다(마 1:16). 예수님으로부터 '게바'란 별명을 받았다(요 1:42). 게바는 아람어로 '바위'라는 뜻인데, '베드로'는 '게바'와 같은 뜻을 거진 헬라어 이름이다(마 16:18; 눅 6:14). 베드로는 종종 '시몬 베드로'라고 불렸다(마 16:16; 눅 6:14). 베드로는 가버나움에서 고기잡이를 하며 살다가(막 1:21, 29) 형제 안드레의 인도로 예수님을 만났으며(요 1:41-42), 예수님의 부르심을 받고 예수님을 따랐다(마 4:18-20). 예수님의 열두 제자 중 하나였으며(마 10:2; 막 3:16; 눅 6:14) 야고보, 요한과 함께 3인의 제자였다(막 5:37; 눅 22:8).

78. 보디발

[원어이름] Potiphar

[이름의뜻] 태양의 신 "라아"가 맡겨준 자.

[인물평가] 아내의 농간에 놀아난 자.

[한자이름] 波提乏(파제핍) bō dī fá

[특기사항] 바로의 신하, 시위대장으로 미디안 사람에게서 요셉을 샀던 애굽 사람(창 37:36). 요셉을 노예로 삼았던 보디발은 여호와가 범사에 요셉과 함께하시고, 형통케 하심을 보고(창 39:3), 그를 자기 집의 가정 총무로 삼아서 자기 소유를 다 위임했다(창 39:4). 보디발은 요셉을 아주 신임했지만(창 39:6) 그러한 보디발도 요셉이 자신을 추행하려 했다는 아내의 말을 듣고는 '심히 노하여'(창 39:10) 요셉을 감옥에 가두었다(창 39:20).

79. 보아스

[원어이름] Boaz

[이름의뜻] 유력자.

[인물평가] 책임질 줄 아는 덕망 있는 신앙인.

[한자이름] 波阿斯(파아사) bō ā sī

[특기사항] 룻의 남편이자, 다윗의 증조부이다(룻 4:13-17). 그는 살몬의 아들로 유대 베들레헴에서 살았다(룻 2:4). 부유한 농부로 가난한 사람을 도우라는 율법에 순종하여(레 19:9-10; 신 24:19-22) 가난했던 나오미와 룻을 도와 주었다(룻 2:1-23). 그는 룻으로부터 전 남편의 이름으로 기업을 무르는 사람이

되어 달라는 요청을 받자(룻 3:9) 이 일에 대해 책임질 만한 더 가까운 친족에게 의향을 물을 만큼 신중한 사람이었다(룻 4:1-12). 그리고 기업 무를 책임이 보아스에게 돌아오자 룻과 결혼하여 다윗의 할아버지 오벳을 낳았고(룻 4:13-17) 다윗과 예수님의 조상이 되었다(마 1:5).

80. 뵈뵈

[원어이름] Phoebe

[이름의뜻] 순결.

[인물평가] 주의 종에게 정성을 다한 여집사.

[한자이름] 非比(비비) fēi bǐ

[특기사항] 고린도의 동남쪽에 위치한 항구 겐그레아의 교회 여집사. 바울은 8명의 다른 여인들의 이름이 나오는 동역자들의 긴 명단에서 뵈뵈를 제일 먼저 거론하여, 그녀가 비중있는 인물임을 보여 주었다(롬 16장). 바울은 그녀를 로마 교회에 '겐그레아 교회의 일꾼'이자 '우리 자매'(롬 16:1), 그리고 '여러 사람과 나의 보호자'(롬 16:2)라고 소개했다.

81. 브나야

[원어이름] Benaiah

[이름의뜻] 여호와가 세우셨다.

[인물평가] 충직한 신하의 표상.

[한자이름] 比拿雅(비나아) bǐ ná yǎ

[특기사항] 대제사장 여호야다의 아들로(대상 27:5) 다윗 왕 시대 열두 군대사령관 중의 한 명으로 시위대 장관이다(대상 11:22-25). 3인의 용사 중 하나로 그는 함정에 빠진 사자 한 마리와 장대한 애굽 사람 한 명과 모압인 두 명을 죽였다(대상 11:22-23; 27:5; 왕상 1:38). 솔로몬의 명령을 받고 아도니야와 요압을 처형했으며(왕상 2:25-34), 요압을 대신하여 솔로몬 왕의 군대장관이 되었다(왕상 2:35; 4:4)

[동명이인]
- 30명 용사 중 하나인 비라돈 사람(삼하 23:30).
- 시므온 방백(대상 4:36).
- 다윗 때 비파 탄 레위인(대상 15:24).
- 법궤 앞에서 나팔을 분 제사장(대상 15:24).
- 아하시엘의 조상(대하 20:14).
- 히스기야때 성전을 돌본 레위인(대하 31:13).
- 불라디아의 아버지(겔 11:11-13).
- 외국 여인과 혼인한 이스라엘 사람들 4명의 이름(스 10:25).

82. 브리스길라

[원어이름] Priscilla

[이름의뜻] 작은 노부인.

[인물평가] 아굴라와 성심성의껏 교회를 섬긴 믿음의 부부.

[한자이름] 百基拉(백기랍) bǎi jī lā

[특기사항] '브리스가'와 같은 이름으로 아굴라의 아내이다(딤후 4:19). 그녀의 출신 배경을 성경에서 찾아볼 수는 없지만, 유대인이 아니라 로마 사람일 가능성이 크다. 그녀의 이름이 라틴어식 표기라는 점과 로마 비문과 고전에 '브리스가'란 이름이 많이 나오는 점에서 그 이유를 찾을 수 있다. 바울에 의해 동역자로 지칭되고(롬 16:3) 그녀의 이름이 남편 이름보다 먼저 언급되는 경우가 많을 만큼 초대교회에서 중요한 역할을 감당했던 사람이었다.

83. 비느하스

[원어이름] Phinehas

[이름의뜻] 흑인.

[인물평가] 공의의 제사장.

[한자이름] 非尼哈所得(비니합소득) fēi ní hā suǒ dé

[특기사항] 아론의 셋째 아들인 엘르아살의 아들로 아버지를

이어 대제사장이 되었다(출 6:25; 대상 6:50). 그는 우상숭배와 음행죄로 인해 염병이 이스라엘에 퍼졌을 때, 미디안 여인을 데리고 들어온 이스라엘 자손을 미디안 여인과 함께 죽임으로 이스라엘에 대한 하나님의 저주를 그치게 하였다(민 25:1-9). 이 일로 그와 그의 후손은 하나님으로부터 영원한 제사장의 직분을 보장받았다(민 25:10-13). 그의 후손들은 엘리 집안이 대제사장으로 있을 동안을 제외하고는 이스라엘의 성전이 없어지기까지 제사장의 직분을 행하였다.

84. 빌라도

[원어이름] Pontius Pilate

[이름의뜻] 창을 가짐.

[인물평가] 진리를 외면한 역사의 죄인.

[한자이름] 彼拉多(피랍다) bǐ lā duō

[특기사항] 예수님께 사형을 언도했던 역사적 인물로, 사도신경에 나오는 바로 그 인물이다. AD 26년, 로마 황제 디베리우스에 의해 유대 지역의 제5대 총독으로 임명된 그는 수리아 지역을 관할한 비텔리우스(Vittelius) 총독에 의해 면직되던 AD 36년까지 약

10년 간 유대에서 총독으로 있었다.

85. 빌레몬

[원어이름] Philemon

[이름의뜻] 애정 있는 사람.

[인물평가] 사랑이 충만한 성도.

[한자이름] 腓利門(비리문) féi lì mén

[특기사항] 빌레몬서의 수신자이며 오네시모의 주인이다(몬 1). 빌레몬이 노예들을 소유하고 있었던 것과 그의 집에 가정 교회가 있었다(몬 2)는 것을 생각해 볼 때 그는 골로새에서 유력한 부자였을 것이다. 비록 빌레몬이 언제 바울로부터 복음을 들었는지는 확실치 않지만, 그가 바울에 의해 복음을 듣고 그리스도인이 되었음은 분명하다(19절 이하). 대부분의 학자들은 압비아가 빌레몬의 아내였으며, 아킵보는 그의 아들이라고 보고 있다(몬 2). 아킵보는 이미 주 안에서 봉사 직분을 맡았을 정도로 성숙한 나이의 사람이었으므로(골 4:17), 빌레몬의 나이가 적지 않았을 것이다. 바울이 자신을 '나이가 많은 나 바울'(몬 9)이라고 표현한 것은 빌레몬의 나이를 의식했기 때문이었던 것 같다. 바울은 빌레몬을 '사

랑 받는 자'(몬 1), '동역자'(몬 1), '형제'(몬 7, 20)라는 호칭으로 불렀다.

86. 빌립

[원어이름] Philip

[이름의뜻] 말을 사랑하는 사람.

[인물평가] 친구를 주께 인도한 복음의 증인.

[한자이름] 腓力(비력) féi lì

[특기사항] 그는 갈릴리 벳새다 출신으로 베다니 근처에서 예수님의 부르심을 받았다(마 10:3; 막 3:18; 눅 6:14; 행 1:13). 그는 갈릴리 가나 사람인 나다나엘을 예수님께 인도했으며(요 1:45; 21:2), 예수님께서 모였던 많은 무리를 보시고 "우리가 어디서 떡을 사서 이 사람들로 먹게 하겠느냐"(요 6:5)고 하시자 빌립은 조금씩 준다 해도 이백 데나리온의 떡이 부족하다고 대답했다(요 6:7). 또 예수님께서 돌아가시기 전 마지막 유월절에 헬라인 몇 명이 빌립에게 와서 예수님을 만나고 싶다고 부탁하자, 빌립은 예수님께 전해 드렸고(요 12:20-22), 예수님께 "주여 아버지를 우리에게 보여 주옵소서 그리하면 족하겠나이다"라며 하나님을 뵙고 싶다고 하자(요

14:8), 예수님으로부터 "이미 너는 나와 함께 있으면서 하나님을 본 것인데 어찌 하나님을 보여 달라고 하느냐"는 말씀을 듣기도 했다(요 14:8-9). 그러나 그는 갈릴리 호수에서 부활하신 예수님을 뵈었던 제자 중에는 언급되지 않았다(요 21:2).

[동명이인] • 전도자 빌립 예루살렘 교회에서 피선된 일곱 집사 중의 한 사람(행 6:1-6).
• 헤롯 빌립 1세(막 6:17, 마 14:3).

ㅅ

:: ㅅ

87. 사독

[원어이름] Zadok

[이름의뜻] 여호와는 기억하신다.

[인물평가] 신의를 지킨 제사장.

[한자이름] 撒督(살독) sā dū

[특기사항] 아론의 아들 엘르아살의 후손이며(대상 6:1-3) 아히둡의 아들이자 아히마아스의 아버지(삼하 8:17; 18:19; 대상 6:8; 24:3). 헤브론에서 다윗이 왕으로 추대될 때 젊은 용사였던 사독은 자기 집안의 군대 장관 22명을 이끌고 다윗에게 나왔다(대상 12:28).

법궤를 오벧에돔의 집에서 예루살렘 성으로 옮길 때 궤를 메었으며(대상 15:11-12), 다윗이 이스라엘 전체의 왕이 되어 군사적인 목적으로 인구 조사를 할 때 아론 자손을 대표하는 관장의 일을 하였다(대상 18:16, 대상 27:17). 압살롬의 반란으로 다윗이 도피할 때 다윗의 명령으로 예루살렘에 남은 그는 예루살렘과 다윗 무리 간의 연락을 담당하였다(삼하 15:22-29). 다윗이 예루살렘으로 돌아올 때에는 다윗의 말을 전하여 유다 장로들의 마음을 돌리게 했다(삼하 19:11).

[동명이인]
- 에스겔이 환상 중에 만난 사독(겔 44;15).
- 사독 가계의 제사장 가운데 한 사람이다(대상 6:12).
- 유다 왕 웃시야의 장인이며 요담 왕의 외조부(왕하 15:33; 대하 27:1).
- 느헤미야 시대 예루살렘 성을 건축하는 데 참여한 사람으로 바아나의 아들(느 3:4).
- 임멜의 아들로 느헤미야를 도와 예루살렘 성을 건축하였던 한 사람(느 3:29).
- 서기관이자 느헤미야에 의해 창고지기로 임명되었던 사람으로 백성들의 헌물을 관리하였다(느 13:13).

- 예수님의 선조 가운데 한 사람이다(마 1:14).

88. 사드락

[원어이름] Shadrach

[이름의뜻] 달신의 명령.

[인물평가] 영원한 믿음의 친구들.

[한자이름] 沙得拉(사득랍) shā dé lā

[특기사항] 다니엘의 세 친구 가운데 한 사람이다(단 1:6-7). 유다 지파이며 BC 606년에 바벨론의 포로가 되었다(단 1:6). 그의 원래 이름은 하나냐(여호와는 생각이 깊으시다)이며 사드락은 바벨론의 환관장에 의해 바벨론식으로 고쳐진 이름이다(단 1:7). 왕족 혹은 귀족 출신으로 준수한 외모와 건강한 신체와 지식과 학문 등 좋은 자질을 갖춘 그는 왕의 관리가 되기 위한 교육을 받았다(단 1:3-5).

89. 사라/사래

[원어이름] Sarah / Sarai

[이름의뜻] 공주.

[인물평가] 모든 믿는 여성의 표상.

[한자이름] 撒拉(살랍) sā lā / 撒莱(살래) sā lái

[특기사항] 아브라함의 아내로서 처음에는 사래라고 불렀으나 이름을 고쳤다(창 11:29, 17:15). 본래 아브함의 이복 누이동생이었는데 아브라함의 아내가 되어 갈대 아우르에서 인생을 출발하여 죽을 때까지 오랜 세월을 통하여 아브라함의 좋은 반려자가 되었다.

90. 사무엘

[원어이름] Samuel

[이름의뜻] 하나님에게 구하여 얻다.

[인물평가] 최후의 사사.

[한자이름] 撒母耳(살모이) sā mǔ ěr

[특기사항] 사울과 다윗에게 기름 부어 왕으로 삼은 사사시대에서 왕정시대로 옮기는 과도기에 있던 선지자와 제사장 직을 겸한 사람이다(삼상 4:18; 10:1; 13:13). 이스라엘의 마지막 사사이다(행 13:20). 에브라임 산지 라마다임소빔에 거주하는 엘가나의 처 한나가 하나님에게 간구하여 낳은 아들이다(삼상 1:1, 10:20). 사무엘은 라마('높은 곳')에서 태어나(삼상 1:19-20) 라마를 중심으로 활동했으며(삼상 7:17), 라마에 장사되었다(삼상 25:1).

91. 사울

[원어이름] Saul

[이름의뜻] 희망.

[인물평가] 교만 때문에 버림받은 이스라엘 초대 왕.

[한자이름] 掃羅(소라) sǎo luó

[특기사항] 베냐민 지파 기스의 아들로 기브아 출신이며 이스라엘 초대 왕이 된 사람이다(삼상 9:1-2). 그는 유력한 가정 출신으로 잘 생기고 키가 컸으며 겸손하고 온유한 사람이었다(삼상 9:21). 그의 아내는 아히노암이며, 자녀로는 요나단, 말기수아, 아비나답, 에스바알, 므비보셋 그리고 딸 메랍과 미갈을 두었다. 역대기에는 사울이 하나님의 버림을 받은 왕이라 해서 그의 죽음의 기록 외에는 아무것도 기록되지 않았다(대상 10:2).

[동명이인]
- 에돔 왕 사울이니 유브라데 르호봇인이다(창 30:37).
- 레위의 자손 중 웃시야의 아들(대상 6:42).
- 야곱의 처자 시므온의 아들로서 가나안 여인의 소생(창 46:10).
- 사도 바울의 믿기 전의 이름(행 7:28, 8:1, 9:1).
- 안디옥 교회에 있던 예언자의 이름(행 13:1).

92. 삭개오

[원어이름] Zacchaeus

[이름의뜻] 순결.

[인물평가] 구원받은 세리장.

[한자이름] 撒該(살해) sā gāi

[특기사항] 여리고에 살고 있던 부자로, 직업은 세리장이었다(눅 19:2). 키가 작았던 삭개오는 예수님이 어떤 분이신가 보기 위해 뽕나무에 올라갔다가 예수님을 자기 집에 모시게 되었다(눅 19:3-6). 그때 그는 예수님 앞에서 자기 소유의 절반을 가난한 자에게 주겠으며, 자기가 다른 사람의 것을 억지로 빼앗은 것이 있다면 네 배로 갚겠다고 말했다(눅 19:8). 이런 결심을 들으신 예수님은 "오늘 구원이 이 집에 이르렀다"고 선포하셨다(눅 19:9).

93. 살로메

[원어이름] Salome

[이름의뜻] 평화.

[인물평가] 헌신적으로 주를 따른 여제자.

[한자이름] 撒羅米(살라미) sā luó mǐ

[특기사항] 세베대의 아내이며 야고보와 요한의 어머니이다

(마 27:56). 예수님을 좇아 섬기던 갈릴리 여인 중 한 사람으로 예수님이 십자가 처형을 당하실 때 그 곳에 있었다(막 15:40-41). 그녀는 안식일이 지나 예수님의 시체에 기름을 바르기 위해 향품을 가지고 무덤에 갔다가 예수님의 부활 소식을 들었다(막 16:1-8).

[동명이인] • 헤롯 왕의 동생 헤롯 빌립의 처 헤로디아의 딸로 헤롯왕의 축하를 위한 연회석상에서 춤을 추어 헤롯 왕의 마음을 기쁘게 하였으며 그 값으로 세례요한의 목을 베어 달라고 해서 요한이 그 때에 죽었다(마 14:).

94. 삼손

[원어이름] Samson

[이름의뜻] 태양과 같음.

[인물평가] 긴 머리털을 가진 힘센 용사.

[한자이름] 參孫(삼손) shēn sūn

[특기사항] 이스라엘 사사 중 가장 특색 있는 사람. 소라 땅 단 지파 마노아의 아들. 출생 전에 천사가 그 모친에게 생자할 것을 예고하는 동시에 태모는 독주를 마시지 말고 아이는 머리에 삭도를 대지 말 것을

부탁하고 이 아이가 자라서 이스라엘을 블레셋의 손에서 구원하겠다고 하였다(삿 13:2-5). 그가 출생하여 장성하여 가며 여호와의 신에 감동하여 힘이 강하게 되어 딤나에서 사자를 맨손으로 찢어 죽였다(삿 14:5-6).

95. 삽비라

[원어이름] Sapphira

[이름의뜻] 즐거움.

[인물평가] 아나니아와 거짓말로 주의 영을 시험한 부부.

[한자이름] 撒非喇(살비라) sā fēi lǎ

[특기사항] 아나니아의 아내로서 그의 남편과 같이 토지를 팔아서 일부만 사도에게 주고, 전부를 준 것처럼 성령을 속여서 하나님의 심판으로 죽은 사람이다(행 5:1-11).

96. 셋

[원어이름] Seth

[이름의뜻] 대신 둠.

[인물평가] 하나님을 예배하여 섬긴 첫 인물.

[한자이름] 塞特(새특) sè tè

[특기사항] 아담의 제3자로 가인이 아벨을 죽인 후 아벨 대신으로 출생하여 아담의 장자의 직분을 가지게 되고 여호와를 섬기는 자의 시조가 되었고 그 자손 중에서 그리스도가 탄생하였다(창 4:25, 5:7, 눅 3:38).

97. 솔로몬

[원어이름] Solomon

[이름의뜻] 평화. 평화스러운.

[인물평가] 지혜의 왕.

[한자이름] 所羅門(소라문) suǒ luó mén

[특기사항] 우리아의 아내 밧세바가 낳은 다윗의 열 번째 아들로서 예루살렘에서 낳았다(삼하 12:24, 대상 3:5). 그의 또 다른 이름은 '여디디야-여호와께 사랑받는 자'인데 이것은 하나님께서 나단을 통해 주신 이름이다(삼하 12:24-25). 왕위 계승 서열 상으로는 왕이 될 수 없는 위치였지만 다윗이 솔로몬을 후계자로 지명하여 왕이 되었다(왕상 1:17, 33-35). 솔로몬은 왕위 된 후 기브온에서 하나님께 일천 번제를 드려 하나님의 응답으로 지혜와 부의 영광을 받았다(왕상 3:4-14). 솔로몬의 지혜와 명성은 인

근 나라에까지 퍼져 스바 여왕이 솔로몬을 방문하기도 했다(왕상 10:1-13). 그는 문학적인 소질이 풍부하여 구약의 전도서, 잠언, 아가서, 시편의 일부를 기록하였다.

98. 스가랴

[원어이름] Zechariah

[이름의뜻] 여호와는 기억하신다.

[인물평가] 의심함으로 벙어리가 되었던 의인.

[한자이름] 撒迦利亞(살가리아) sā jiā lì yà

[특기사항] 잇도의 손자로 다리오 왕 시대에 활동한 선지자이며(느 12:16; 슥 1:1; 7:1), 소선지서인 스가랴서의 저자. 포로지에서 돌아온 이스라엘 백성들이 성전을 재건할 때 학개와 함께 성전 건축 공사를 담당한 지도자들을 격려했으며(스 6:14-15) 메시아에 대한 예언으로 예수님이 나귀를 타고 예루살렘에 입성할 것을 예언하였다(슥 9:9).

[동명이인]
- 여로보암 2세를 이어 북이스라엘의 왕이 된 예후 왕조의 마지막 왕(왕하 14:29; 15:8).
- 히스기야 왕의 모친 아비야의 아버지(왕하 18:2; 대하 29:1).

- 르우벤 지파의 족장 가운데 한 사람(대상 5:7).
- 기브온의 조상 여이엘의 아들이고 사울 왕의 조부인 넬의 형제(대상 9:37).
- 므셀레먀의 아들(대상 26:2, 14)
- 법궤 앞에서 비파를 연주한 다윗 때의 성전 악사(대상 15:20; 16:5).
- 법궤를 오벧에돔의 집에서 예루살렘으로 옮길 때 궤 앞에서 나팔을 불었던 다윗 시대의 제사장(대상 15:24).
- 다윗 시대에 제사장 아래서 봉사했던 레위인 가운데 한 사람(대상 24:25).
- 다윗 시대의 회막 문지기 가운데 한 사람(대상 26:12). 므라리의 자손으로 호사의 아들이다(대상 26:11).
- 길르앗에 있는 므낫세 반 지파를 다스린 지방관리 잇도의 아버지(대상 27:21).
- 여호사밧 왕 때 유다 전역을 돌며 백성들을 율법으로 가르쳤던 관리 가운데 한 사람(대하 17:7, 9).
- 아삽의 자손으로 브나야의 아들이다(대하 20:14).
- 여호사밧 왕의 아들이다(대하 21:2).
- 유다 왕 요아스 때의 선지자로 유다의 배교를

공격했다(대하 24:20).

- 여베레기야의 아들(사 8:2).
- 아삽 자손으로 히스기야 왕 시대에 성전을 성결케 하는 데 참가한 사람(대하 29:13).
- 고핫 자손으로 요시야 왕 때 예루살렘 성전 수리 공사를 감독한 사람(대하 34:12).
- 요시야 왕 때 유월절 제물을 자원하여 바친 제사장 가운데 한 사람(대하 35:8).
- 바로스 자손으로 에스라와 함께 바벨론 포로지에서 귀환한 족장 가운데 한 사람(스 8:3).

99. 스데반

[원어이름] Stephen

[이름의뜻] 면류관.

[인물평가] 초대교회 최초의 집사요 순교자.

[한자이름] 司提反(사제반) sī tí fǎn

[특기사항] 초대 교회 최초의 순교자이다(행 7:59-60). 그는 성령과 지혜가 충만한 사람으로 교회 안에서의 구제 사역을 맡을 일곱 집사 중 한 사람으로 뽑혔다(행 6:3-6). 은혜와 권능이 충만하여 기사와 표적을 많이 행하였으며(행 6:8) 지혜와 성령의 충만함

으로 여러 사람과 변론하여 이겼다(행 6:9-10). 이 때문에 그는 공회에 잡혀 갔으며(행 6:11-12) 공회 앞에서 당당하게 복음을 변증한 결과(행 7:1-53) 그의 설교를 들은 완악한 회중에 의해 돌에 맞아 순교하였다(행 7:54-60).

100. 스룹바벨

[원어이름] Zerubbabel

[이름의뜻] 바벨론에서 낳았다.

[인물평가] 제2성전의 재건자.

[한자이름] 所羅巴伯(소라파백) suǒ luó bā bǎi

[특기사항] 바사 왕 고레스의 허락으로 대제사장 여호수아와 함께 포로지에서 예루살렘으로 귀환한 유대 총독이다(스 2:1-64). 그는 여호야긴 왕의 손자로 브다야의 아들이다(대상 3:19). 스알디엘의 아들로도 나오는데(마 1:12) 스알디엘이 조카인 스룹바벨을 아들로 삼았거나 스알디엘이 죽은 후 동생 브다야가 결혼해서 낳은 아들이었기 때문인 것으로 보인다.

101. 스바냐

[원어이름] Zephaniah

[이름의뜻] 하나님이 숨기시다.

[인물평가] 스바냐서를 저술.

[한자이름] 西番雅(서번아) xī fān yǎ

[특기사항] 주전 7세기경 스바냐서를 저술했다(습 1:1). 유다 요시아왕 때의 예레미야보다 예언자로서의 활동은 먼저 있었다. 그는 스구디아인의 침입을 예언하였다(렘 1:13-14).

[동명이인]
- 제사장 마아세야의 아들. 부제사장 직을 가졌다(왕하 25:18).
- 스가랴시대 요시야의 아버지(슥 6:10).

102. 스불론

[원어이름] Zebulun

[이름의뜻] 후한 선물.

[인물평가] 미약했으나 용맹했던 지파.

[한자이름] 西布倫(서포륜) xī bù lún

[특기사항] 야곱의 열 번째 아들이며 야곱과 레아 사이에서 태어났다(창 30:20; 35:23). 그는 세렛, 엘론, 얄르엘을 낳았으며(창 46:14) 스불론 지파의 조상이 되었

다(민 1:9; 신 27:13; 33:18). 그는 야곱이 축복할 때 해변에 거할 것이며 그 후손의 지경이 시돈까지 이를 것이라는 예언을 들었다(창 49:13). 이 예언대로 스불론의 후손들은 지중해 가까이의 땅을 기업으로 얻었으며(수 19:10-16) 후대에 해변까지 영토를 넓혀 해로를 개척하고 무역 활동을 하였다(사 9:1).

103. 시므온

[원어이름] Shimeon

[이름의뜻] 여호와께서 응답하셨다. 둘째를 얻음.

[인물평가] 잔인한 피의 보수자.

[한자이름] 西緬(서면) xī miǎn

[특기사항] 레아가 낳은 야곱의 둘째 아들(창 29:33)이다. 자녀로는 여무엘, 야민, 오핫, 야긴, 스할, 사울을 낳았다(창 46:10). 세겜에 의해 누이 디나가 치욕을 당하자 그는 다른 형제들과 함께 복수하기 위해 세겜 사람들을 모두 할례 받게 한 뒤 상처가 낫기를 기다리는 동안 레위와 함께 그들을 공격하여 세겜과 그곳에 사는 남자들을 모두 죽이고 재물과 가축을 빼앗았고 여자와 아이들을 사로잡아왔다(창 34:13-29). 이 일로 인해 시므온은 야곱에게 책

망을 받았다(창 34:30). 시므온은 흉년이 들어 애굽으로 곡식을 사러 갔다가 애굽 총리가 된 요셉이 베냐민을 데려오라고 했을 때 애굽에 인질로 잡혀 있었다(창 42:24; 43:23).

[동명이인] • 예루살렘에 있는 유명한 성도로서 그리스도를 보기 전에 죽지 않는다고 하더니 과연 아기 예수를 보고 그 부모를 축복하였다(눅 2:25-34).

• 안디옥 교회의 선지자요 교사로서 니게르라고도 한다(행 13:1).

• 예수님의 족보에 나오는 한 사람(눅 3:30).

104. 시므이

[원어이름] Shimei

[이름의뜻] ?

[인물평가] 처세술에 능한 기회주의자.

[한자이름] 示每(시매) shì měi

[특기사항] 베냐민 지파 게라의 아들. 사울왕의 친척(삼하 16:5-; 19:16-23; 왕상 2:8).

[동명이인] • 다윗 왕의 신하중의 하나로 아도니야의 반란에 가담하지 않고 끝까지 다윗을 섬긴 사람으로 솔로몬의 관장이 되었다(왕상1:8).

- 그 밖에 13인이 있다(민 3:8, 대상 3:19, 4:26, 5:4, 6:29, 8:21, 25:17, 27:27, 대하 29:14, 31:12, 스 10:23, 에 2:5).

105. 실라

[원어이름] Silas

[이름의뜻] 생각.

[인물평가] 복음전파의 충실한 조력자.

[한자이름] 西拉(서랍) xī lā

[특기사항] 예루살렘 교회의 교인으로 예루살렘 교회가 사도회의의 결정을 안디옥 교회에 전하기 위해 선임한 한 사람이다(행 15:22). 바울의 2차 전도여행 기간 동안에는 바울과 동행하였던 바울의 동역자였다(행 16:19-18:5).

:: ㅇ

106. 아간

[원어이름] Achan

[이름의뜻] 곤란.

[인물평가] 여호와의 물건을 훔친 자.

[한자이름] 亞干(아간) yà gān

[특기사항] 유다 지파 갈미의 아들(수 7:1, 18). 아갈과 동일한 사람으로, "마땅히 멸할 물건으로 인하여 이스라엘을 괴롭게 한 자"(대상 2:7)로 소개되었다. 이는 아간이 여리고 성을 함락시킬 때 아간이 전리품을 숨긴 것으로 인해 하나님의 노여움을 산 일에서 비롯된 것이었다(수 7:3).

[동명이인] • 에셀의 아들로 세일 산에 거하던 원주민 호리 족이며(창 36:27) 야아간과 동일한 인물(대상 1:42).

107. 아굴라

[원어이름] Aquila

[이름의뜻] 독수리.

[인물평가] 성심성의껏 교회를 섬긴 믿음의 부부.

[한자이름] 亞居拉(아거랍) yà jū lā

[특기사항] 북부 소아시아 본도에서 출생한 유대인으로 브리스길라의 남편(행 18:2).

108. 아나니아와 삽비라

[원어이름] Ananias / Sapphira

[이름의뜻] 시온.

[인물평가] 거짓말로 주의 영을 시험한 부부.

[한자이름] 亞拿尼亞(아나니아) yà ná ní yà / 撒非喇(살비라) sā fēi lǎ

[특기사항] 초대교회의 신자로, 삽비라의 남편이다(행 5:1). 당시 초대 교회 교인들은 자신의 소유를 팔아서 교회에 바치는 자발적인 행동을 했는데(행 4:34-35), 아나니아 역시 자신의 소유를 팔아 그 돈을 교회에 바쳤다(행 5:1-2). 하지만 이 과정에서 그는 돈의 일부를 감추었고, 바치는 것이 전액인 것처럼 속인 결과 베드로의 책망을 받았으며, 하나님을 속인 죄로 인해 아내 삽비라와 함께 죽고 말았다(행 5:1-11).

[동명이인]
- 다메섹에 사는 그리스도교도 회심한 바울에게 세례를 준 사람(행 9:10-17).
- 바울이 예루살렘에서 잡혀올 때에 대제사장. 바울을 벨릭스에게 소송한 사람(행 23:2, 24:1).

109. 아달랴

[원어이름] Athaliah

[이름의뜻] 여호와는 크심.

[인물평가] 왕위를 찬탈한 잔학한 여왕.

[한자이름] 亞他利雅(아타리아) yà tā lì yǎ

[특기사항] 남유다의 왕비이자(대하 21:5-6) 여왕이다(왕하 11:1-3). 아달랴는 아합과 이세벨의 딸로 사마리아에서 자랐고 바알을 열심히 숭배했다(왕하 8:18, 26-27). 그녀는 유다 왕 여호람과 결혼해 아하시야를 낳았으며, 아들 아하시야가 죽자 피신한 손자 요아스를 제외한 왕의 일가족을 모두 죽인 후 자신이 왕위에 올라 6년 간 다스렸다(왕하 11:1-3). 아달랴는 유다의 유일한 여왕이었으며(왕하 8:26) 즉위 7년째 되던 해, 제사장 여호야다에 의해 살해되었다(왕하 11:1-16; 대하 22; 23장). 그 뒤를 이어 왕이 된 사람이 요아스였다.

[동명이인]
- 여로암의 아들(대상 8:36).
- 여사야의 부친(스 8:7).
- 아하수에로 왕의 신하 하만의 한 아들(스 9:8).

110. 아담

[원어이름] Adam

[이름의뜻] 사람, 붉다.

[인물평가] 최초의 인간, 인류의 조상.

[한자이름] 亞當(아당) yà dāng

[특기사항] 천지창조 여섯째날에 하나님이 흙을 빚어 만든 인간을 말한다. 히브리어 '아담'(Adam)이라는 말은 '인간'이나 '인류'라는 의미로 성경에서 500회 이상 사용되었다(창 2:19; 5:3; 대상 1:1; 호 6:7; 눅 3:38; 롬 5:14; 고전 15:45 등). 아담은 하나님이 창조하신 최초의 인간에 대한 고유 명사이자 본래적인 의미의 인류라는 집단 대표성을 동시에 표현하고 있는 용어이다. 여기에는 하나님 앞에서 인간은 전혀 구분이나 차별 없이 전적으로 하나의 모습 곧 아담과 동일시된 모습을 가지고 있다는 뜻이 담겨 있다. 아담의 어원적 의미는 히브리어의 '흙'을 의미하는 '아다마'(adamah)와 연관된 것으로 본다.

111. 아도니야

[원어이름] Adonijah

[이름의뜻] 여호와는 주.

[인물평가] 솔로몬의 왕위에 도전한 자.

[한자이름] 亞多尼雅(아다니아) yà duō ní yǎ

[특기사항] 다윗이 헤브론에서 낳은 넷째 아들로 그의 어머니는 학깃이다(삼하 3:4). 그는 형들인 암논, 압살롬, 길르압이 죽자 자신에게 왕위가 올 것으로 기대하고 병거, 기병, 호위병 50명을 준비하여 양, 소, 송아지를 잡고 동생들과 왕의 신하들을 청해 왕위 즉위식을 하려고 했지만(왕상 1:5) 밧세바와 나단이 다윗에게 솔로몬의 왕위 계승권을 주장하여 왕이 되지 못하였다(왕상 1:11-49).

[동명이인] • 여호사밧 3년에 율법 교사로 유대 각처에 파송된 레위 사람(대하 17:8).
- 느헤미야와 같이 맹약에 날인한 제사장중의 한 사람(느 10:16).

112. 아론

[원어이름] Aaron

[이름의뜻] 고상.

[인물평가] 제1대 대제사장.

[한자이름] 亞倫(아륜) yà lún

[특기사항] B.C.1574년에 출생. 부모는 아므람과 요게벳 누

이는 미리암 동생은 모세 아내는 엘리세바, 아들은 나답, 아비후, 엘르아살, 이다말 등 4형제(출 6:20-23).

83세에 여호와의 명령으로 그 동생 모세의 대변인이 되어 모세와 같이 애굽왕 바로에게 10여 차례를 왕래하여 10재앙을 내리게 함으로 동족 이스라엘을 구출 하는데 성공함(출 7:10, 20, 8:8, 25, 9:10, 27, 10:3, 6, 12:31).

113. 아모스

[원어이름] Amos

[이름의뜻] 무거운 짐을 진자.

[인물평가] 공의의 선지자.

[한자이름] 阿摩司(아마사) ā mó sī

[특기사항] B.C. 8세기의 이스라엘의 예언자. 그는 베들레헴 남쪽 10Km지점 돌 많은 드고아의 목자 겸 뽕나무를 재배했었다(호 1:7, 14).

[동명이인] • 예수의 족보 중 한 사람(눅 3:25).

114. 아벨

[원어이름] Abel

[이름의뜻] 생기. 호흡. 공허.

[인물평가] 믿음으로 제사를 드린 의인.

[한자이름] 亞伯(아백) yà bǎi

[특기사항] 시조 아담의 둘째 아들로 양 치는 자(창 4:2) 곧 목동이었다.

115. 아벳느고

[원어이름] Abednego

[이름의뜻] 4고의 종.

[인물평가] 영원한 믿음의 친구들(사드락, 메삭).

[한자이름] 亞伯尼歌(아백니가) yà bó ní gē

[특기사항] 유다가 느부갓네살에게 멸망한 뒤 바벨론에 포로로 끌려간 다니엘의 세 친구 중 한 명이다(단 1:7). 유다 소년들은 이름을 모두 바벨론식으로 바꾸었는데 아사랴의 바벨론식 이름이 아벳느고이다(단 1:7). 아벳느고는 다른 친구와 함께 훈련을 거친 뒤 바벨론 도시의 업무를 감독하는 일을 맡았다(단 2:49). 그는 금 우상에 절하지 않았다는 이유로 용광로에 던져졌으나 머리털 하나 상하지 않고 건짐

을 받았다(단 3:21-27). 이 사건으로 느부갓네살도 하나님을 인정하게 되었다(단 3:8-30).

116. 아볼로

[원어이름] Apollos

[이름의뜻] 침략자.

[인물평가] 탁월한 학문을 지닌 전도자.

[한자이름] 亞波羅(아파라) yà bō luó

[특기사항] 알렉산드리아 태생의 유대인 구약에 정통한 변증가. 아굴라와 브리스길라로부터 복음을 듣고 배웠다(행 18:24-26).

117. 아브넬

[원어이름] Abner

[이름의뜻] 부친은 등불.

[인물평가] 신의를 저버린 사울의 군장.

[한자이름] 押尼珥(압니이) yà ní ěr

[특기사항] 사울의 군사령관으로 사울의 삼촌이었던 넬의 아들(삼상 14:50). 다윗이 골리앗을 죽이고 그 머리를 가지고 돌아올 때 다윗을 사울 앞에 인도했다

(삼상 17:57).

118. 아브라함

[원어이름] Abraham

[이름의뜻] 열국의 아버지.

[인물평가] 영원한 믿음의 조상.

[한자이름] 亞伯拉罕(아백랍한) yà bó lā hǎn

[특기사항] 부친은 데라, 아우는 나홀과 하란(창 11:26)인데 아브람을 여호와가 아브라함이라 고쳐 줌(창 17:5). 노아의 12대 손으로 갈대아 우르에서 출생했고 백세에 아들 이삭을 낳음(창 21:1,14).

119. 아비가일

[원어이름] Abigail

[이름의뜻] 내 부친이 기뻐함.

[인물평가] 총명한 믿음의 여인.

[한자이름] 亞比該(아비해) yà bǐ gāi

[특기사항] 나발의 아내이다(삼상 25:3). 사울을 피해 다니던 다윗이 그의 남편 나발에게 원조를 요청했으나 나발이 이를 거절했다는 사실을 알고 그녀는 이를 지

혜롭게 처리하여 무력 충돌을 막았다(삼상 25:23-35). 그 후 남편 나발이 죽자 다윗의 아내가 되었다(삼상 25:39-42). 가드 시글락과 헤브론에 거주하면서 아들을 낳았는데, 그 이름은 길르압(삼하 3:3) 또는 다니엘이었다(대상 3:1).

[동명이인] • 다윗의 이복누이 아마사의 어머니(삼하 19:25, 대상 2:16).

120. 아비멜렉

[원어이름] Abimelech

[이름의뜻] 부친과 왕.

[인물평가] 심은 대로 거둔 악인.

[한자이름] 亞比米勒(아비미륵) yà bǐ mǐ lè

[특기사항] 가데스와 술 사이 땅 그랄의 왕이다. 그는 아브라함의 아내 사라를 누이동생으로 알고 취하려 했으나 꿈에 하나님의 계시를 받고 사라를 돌려보냈으며, 아브라함에게 자기 땅에서 거하라고 했다(창 20:2-18). 또한 아비멜렉의 종들이 아브라함 종들이 판 우물을 막은 것으로 인해 서로 다툼이 생기자 우물에서 아브라함과 언약을 맺고 그곳을 '브엘세바'라고 불렀다(창 21:22-34).

[동명이인] • 이삭이 아내 리브가를 누이동생이라고 하는 말에 속아 넘어간 블레셋 왕 아비멜렉(창 26:1-11). 그후 이삭과 우물로 인한 다툼이 계속되었고 그로 인해 우물 언약을 맺었다(창 26:12-29).
• 사사 기드온의 첩이 낳은 아들 아비멜렉(삿 8:31).
• 다윗이 사울에게 쫓길 때 잠시 머문 이방 땅 가드의 왕 아비멜렉(시 34:1).
• 아비아달의 아들로 다윗 왕 때의 제사장 아비멜렉(대상 18:16). 다른 곳에서는 아히멜렉으로 되어 있다(대상 24:6).

121. 아비새

[원어이름] Abishai

[이름의뜻] 내 부친은 이세.

[인물평가] 용감한 다윗의 용사.

[한자이름] 亞比篩(아비사) yà bǐ shāi

[특기사항] 다윗의 군대 장관(삼상 26:7; 삼하 21:7). 그는 다윗이 사울을 피해 도망다닐 때 십 광야 동굴에서 자고 있던 사울(삼상 26:6-9)과 다윗을 저주하는 시므이(삼하 16:5-8)를 죽이려고 하였으나 다윗의 반대로 죽이지 못했다. 하지만 동생 아사헬을 죽

인 아브넬을 죽여 동생에 대한 복수를 하였고(삼하 2:18-23; 3:22-27, 30), 다윗을 대적하여 일어난 세바의 반란을 진압하였다(삼하 20:6-22). 또한 그는 암몬과 아람 족속과의 전쟁 때 혁혁한 공을 세웠으며(삼하 10:9-10) 블레셋과의 전쟁에서 다윗을 죽이려는 블레셋 장수 이스비브놉을 죽여 다윗의 생명을 구했다(삼하 21:15-17).

122. 아비아달

[원어이름] Abiathar

[이름의뜻] 생존한 아버지.

[인물평가] 제사장 직분을 박탈당한 자.

[한자이름] 亞比亞他(아비아타) yà bǐ yà tā

[특기사항] 사울과 다윗 때의 대제사장이다(막 2:26). 그는 엘리의 자손이며 놉의 제사장인 아히멜렉의 아버지이다(삼하 8:17). 사울이 다윗을 도왔다는 이유로 그의 아들인 아히멜렉을 포함한 제사장 84명을 죽였는데, 그는 이때 살아남은 유일한 생존자(삼상 21:7-22:19). 다윗이 왕이 되자 사독과 함께 제사장이 되었고(삼하 8:17), 압살롬이 반역했을 때도 다윗을 도왔다(삼하 15:24-26).

123. 아사

[원어이름] Asa

[이름의뜻] 치료.

[인물평가] 태후의 위를 폐한 종교개혁자.

[한자이름] 亞撒(아살) yà sā

[특기사항] 르호보암의 손자로 유대의 6대왕이다(마 1:7).

124. 아셀

[원어이름] Aser

[이름의뜻] 기쁨.

[인물평가] 배타적인 지파.

[한자이름] 我些(아사) wǒ xiē

[특기사항] 야곱의 제8번째 아들로 레아의 여종 실바가 메소포타미아에서 낳은 두 번째 자녀(창 30:13).

125. 아하스

[원어이름] Ahaz

[이름의뜻] 소유자.

[인물평가] 철저한 우상 숭배자.

[한자이름] 亞哈斯(아합사) yà hā sī

[특기사항] 부친 요담의 뒤를 이어 20세에 왕위에 오른 유다 왕으로 호세아, 미가, 이사야의 예언을 들으면서도 앗수르의 우상을 섬기고 아들을 제물로 드림(왕하 16:3).

126. 아합

[원어이름] Ahab

[이름의뜻] 부친의 형제.

[인물평가] 선지자들을 핍박한 바알 숭배자.

[한자이름] 亞哈(아합) yà hā

[특기사항] 부친을 이어 왕이 된 사마리아의 수도로 하는 이스라엘 왕 오므리의 아들. 유다 왕 여호사밧과 동시대이며 왕의 딸 이세벨과 결혼, 그녀의 바알종교를 주력 지원했다.

[동명이인] • 예레미야 시대의 거짓 예언자 바벨론에서 백성을 속였다(렘 29:28).

127. 아히도벨

[원어이름] Ahithophel

[이름의뜻] 무지함의 형제.

[인물평가] 실패한 군사전략가.

[한자이름] 亞希多弗(아히다불) yà xī duō fú

[특기사항] 우리아의 처 밧세바의 조부(삼하 11:3). 다윗의 모사로서 지략이 있어 압살람이 고문으로 청빙하였다(삼하 15:12).

128. 아히야

[원어이름] Ahijah

[이름의뜻] 여호와의 동생.

[인물평가] 왕국 분열을 선포한 무명의 선지자.

[한자이름] 亞希雅(아희아) yà xī yǎ

[특기사항] 사울 군대가 블레셋과 싸울 때 사울 진영에 함께 동참했던 제사장으로, 이가봇의 형제 아히둡의 아들이다(삼상 14:3, 18).

[동명이인]
- 솔로몬 왕정 시대에 서기관을 맡았던 사람으로 시사의 아들이며 함께 서기관으로 일한 엘리호렙의 형제(왕상 4:3).
- 솔로몬을 이어 르호보암이 즉위하자 여로보암에게 처음으로 왕국 분열을 예언하면서 북쪽 열 지파의 왕이 될 것을 알린 실로 출신의 예언자이다(왕상 11:29-31). 그는 또 여로보암의 아들 아비야가 병들자 아들이 죽을 것과 여로보암 집

의 재앙을 예언했다(왕상 14:2-16).

- 잇사갈 지파 바아사의 아버지(왕상 15:27; 33).
- 유다 지파 헤스론의 맏아들인 여라므엘의 아들 중 한 명(대상 2:25).
- 베냐민 후손 에훗 자손의 족장이었으나 전쟁 포로가 되어 마하낫으로 끌려가 살았던 자(대상 8:7).
- 다윗 시대의 명장 중 한 명으로 블론 사람이다(대상 11:36).
- 레위 사람으로 다윗 시대에 하나님의 전 곳간과 성물 곳간을 맡은 자(대상 26:20).
- 포로지에서 돌아온 뒤 율법서를 지키겠다고 서명한 지도자 중의 한 사람(느 10:26).

129. 안나

[원어이름] Anna

[이름의뜻] 은혜.

[인물평가] 대망 중에 예수님을 만난 여선지자.

[한자이름] 亞拿(아나) yà ná

[특기사항] 아기 예수님이 부모의 품에 안겨 성전에 들어올 때 메시아임을 알아본 나이 많은 여선지자이다(눅 2:36-38). 그녀는 아셀 지파에 속한 바누엘의 딸로

결혼한 지 7년만에 과부가 되어 여든네살이 될 때까지 성전을 떠나지 않고 기도하며, 예배하며, 금식하며 예루살렘을 위해 기도하는데 평생을 바쳤다(눅 2:37). 성전에 모인 사람들에게 아기 예수에 관한 이야기와, 그가 예루살렘을 구속할 것이라는 내용을 말해 주었다(눅 2:38).

[동명이인] • 예수의 모친 마리아의 모친 성 안나는 전설에 의하면 베들레헴 사람이며 제사장 마단의 딸이다.

130. 안드레

[원어이름] Andrew

[이름의뜻] 남자다운. 용감한.

[인물평가] 실천적인 전도자.

[한자이름] 安得烈(안득렬) ān dé liè

[특기사항] 세례 요한의 제자였으며 예수님의 제자로 선택된 첫 번째 사람이다(요 1:39). 안드레는 곧 형 시몬을 예수님께로 인도해 와서 함께 제자의 부름을 받게 한다(요 1:42). 그는 고향 가버나움에서 어부로 생계를 꾸리면서 시몬과 함께 동업을 했으며, 안드레의 아버지는 요한 또는 요나로도 불리는 사람이었다(마 4:18; 10:2). 오병이어의 기적 사건에서 안드

레는 물고기 두 마리와 보리떡 다섯 개를 가진 소년을 발견하기도 했다(요 6:8-9).

131. 압살롬

[원어이름] Absalom

[이름의뜻] 아버지 하나님은 평화.

[인물평가] 아비의 왕권에 대항한 자.

[한자이름] 押沙龍(압사룡) yà shā lóng

[특기사항] 헤브론에서 출생하였으며 다윗의 셋째 아들이었다(삼하 3:3). 그의 어머니는 그술왕 달매의 딸로 마아가였다. 그는 발바닥부터 정수리까지 책잡을 곳이 없을 만큼 온 이스라엘 중에서도 미남으로 칭찬을 받았다(삼하 14:25). 미모의 누이 다말을 강간한 장형 암논을 죽였다(삼하 13:28-29). 그후 그술로 도망하여 삼년동안 숨어살다가 요압의 지기로 드고아 여인의 비유를 듣고 다윗왕의 마음을 돌이켜 압살롬을 귀환시켰다. 그러나 압살롬은 부왕을 모반할 거사계획을 헤브론에서 세워 아히도벨과 함께 이백명의 군사와 12지파의 지지자들로 나팔소리와 함께 왕으로 추대하기로 하였다. 이 소식을 들은 다윗은 은밀히 예루살렘을 탈출하게 된

다. 그러나 에브라임에서의 다윗과 압살롬편의 전쟁은 다윗의 승리로 끝난다. 압살롬은 상수리나무에 걸려 살해되고 만다(삼하 15:7-12, 18:6-15).

132. 야고보

[원어이름] James

[이름의뜻] 발뒤축을 잡음.

[인물평가] 사도 중 최초의 선교자, 초대교회 최고의 지도자.

[한자이름] 雅各(아각) yǎ gè

[특기사항] 세베대의 아들로 모친은 살로매다. 갈릴리 호수에서 물고기를 잡다가 예수님의 부르심을 받았다(마 4:21-22). 그는 사마리아 사람들이 예수님을 받아들이지 않자 하늘에서 불을 내려 멸하자고 예수님께 제의했다가 꾸지람을 들었다(눅 9:53-55). 그 후 그는 예수님에게서 '우뢰의 아들'이란 뜻의 '보아너게'라는 별명을 얻었다(막 3:17). 예수님을 정치적인 메시아로 생각하여 세상적인 지위를 구하던 사람이었으나(마 20:21) 예수님의 십자가 죽음과 부활을 경험한 후에는 죽기까지 복음을 전하는 사람으로 변했고 열두 제자 중 처음으로 헤롯에게 순교당했다(행 12:1-3).

[동명이인] • 알패오의 아들 야고보는 예수 열두 제자 중 한 사람(마 10:3).
• 예수님의 친 형제인 야고보(마 13:55; 막 6:3)로 예수님이 공생애 초기에 갈릴리에서 사역하실 때 예수님을 비웃었던 사람(요 7:5). 하지만 예수님의 부활을 목격한 후에는 예수님의 제자가 되었다(고전 15:7).
• 열두 사도 중의 한 사람인 유다의 아버지인 야고보(눅 6:16; 행 1:13).

133. 야곱

[원어이름] Jacob

[이름의뜻] 발꿈치를 잡음.

[인물평가] 하나님의 축복을 가장 많이 받은 사람.

[한자이름] 雅各(아각) yǎ gè

[특기사항] 믿음의 조상 아브라함의 손자요 부친은 이삭 모친은 리브가. 주전 1836년 곧 이삭의 나이 60세에 쌍동이의 동생으로 태어나면서 그의 형 에서의 발꿈치를 잡아 이 이름을 가지게 됨(창25:26).

[동명이인] • 예수 족보에는 마리아의 남편 요셉의 부친으로 나옴(마 1:16).

134. 야벳

[원어이름] Japheth

[이름의뜻] 확장함.

[인물평가] 해양민족의 조상.

[한자이름] 雅弗(아불) yǎ fú

[특기사항] 노아의 셋째 아들(창 6:10; 10:2-5). 홍수 후 그는 고멜, 마곡, 마대, 야완, 두발, 메섹, 디라스를 낳았다(창 10:2). 야벳의 아들들은 종족과 언어와 나라별로 섬과 해안 지역에 흩어져 살았으며 해양민족의 조상이 되었다(창 10:5).

135. 에녹

[원어이름] Enoch

[이름의뜻] 순종하는 자, 시작한다, 바친다, 가르친다.

[인물평가] 죽음을 보지 않고 승천한 자.

[한자이름] 以諾(이락) yǐ nuò

[특기사항] 셋의 계보 아담의 7대 손으로 야렛의 아들. 므두셀라의 아버지(창 5:18-24). 그는 하나님과 동행 하였다(창 5:24). 죽지 않고 승천했다(히 11:5).

[동명이인] • 가인의 아들(창 4:17).

136. 에브라임

[원어이름] Ephraim

[이름의뜻] ?

[인물평가] 형보다 높임을 받은 아우.

[한자이름] 以法蓮(이법련) yǐ fǎ lián

[특기사항] 요셉이 온의 제사장 보디베라의 딸 야스낫과 낳은 둘째 아들(창 41:52, 52)

137. 에서

[원어이름] Esau

[이름의뜻] 털이 많다.

[인물평가] 식물에 미혹된 망령된 자.

[한자이름] 以掃(이소) yǐ sǎo

[특기사항] 이삭의 처 리브가가 낳은 쌍동아이 중의 큰 아들로서 그 별명은 에돔. 그는 어려서 부터 사냥을 좋아하여 그 사냥한 고기로 부친 이삭을 기쁘게 함. 사냥에서 배고파 돌아올 때 장자의 명분을 소홀히 여겨 팔죽 한 그릇에 동생 야곱에게 팔았다(창 25:24-34).

138. 에스겔

[원어이름] Ezekiel

[이름의뜻] 하나님께서 강하게 하신다.

[인물평가] 환상과 소망의 선지자.

[한자이름] 以西結(이서결) yǐ xī jié

[특기사항] 부시의 아들로서 유대인의 제사장이며 4대 선지 중의 한 사람으로 유대왕 여호야긴과 같이 포로가 되어 갈대아 땅 그발 하수가에 거주하는 중 하나님의 계시를 받아 에스겔서를 기록했다(겔 1:1-3).

139. 에스더/하닷사

[원어이름] Esther/Hadassah

[이름의뜻] 은매화. 별.

[인물평가] 죽으면 죽으리라는 믿음의 소유자.

[한자이름] 以士帖(이사첩) yǐ shì tiē / 哈大沙(합대사) hā dà shā

[특기사항] 본명은 하닷사인 것을 왕후의 위에 오를 때 에스더라고 고침. 아비하일의 딸로서 어렸을 때 조실부모하고 4촌 오빠인 모르드개의 양육을 받아오던 중 왕후 와스디가 폐출 당한 뒤 전국에서 모여온 수많은 아리따운 처녀 중에 내시 헤개의 추천으

로 아하수에로 왕에게 간택되어 왕후가 됨(에 1:19, 2:7-9, 16-18).

140. 에스라

[원어이름] Ezra

[이름의뜻] 여호와가 도우신다.

[인물평가] 율법에 능통한 학사.

[한자이름] 以斯拉(이사랍) yǐ sī lā

[특기사항] 대제사장 아론의 16대손이며(스 7:1-5), 율법의 학사였다(스 7:5-6; 느 8:1). 또한 그는 바벨론에서의 2차 포로귀환 때 백성들을 이끌었던 훌륭한 지도자였다(스 7:7; 8:1). 그는 예루살렘으로 떠나기 전에 먼저 금식을 선포하고 기도했다(스 8:21-23). 예루살렘에 도착한 후, 에스라는 이방 여인들과 결혼한 이스라엘 백성들의 죄를 발견하였는데, 이에 대해 에스라가 먼저 회개하고(스 9:1-15) 나머지 백성들도 함께 회개했다(스 10:1). 에스라는 또한 잘못된 결혼으로 얻은 아내와 아이들을 내보내도록 했다(스 10:3). 성전이 완성된 뒤 에스라는 백성들에게 말씀을 읽고 설명도 해주었다(느 8:1-8). 구약성경 <에스라서>와 <느헤미야서>의 저자.

[동명이인] • 스룹바벨과 예수아와 함께 포로에서 돌아온 제사장이며, 족장이다(느 12:1).
• 유다의 자손(대상 4:17).
• 에단, 헤만의 조상으로 시편 88편, 89편의 제목에는 에스라인으로 나와 있다(시 88, 89편)

141. 에훗

[원어이름] Ehud

[이름의뜻] ?

[인물평가] 단검으로 주의 구원을 이룬 왼손잡이 사사.

[한자이름] 以笏(이홀) yǐ hū

[특기사항] 게라의 아들로 왼손잡이다. 이스라엘의 제2대 사사가 되어 이스라엘이 18년간 모압의 압제를 받는 중 에훗이 조공을 바치러 가서 에글론 왕을 조용히 만나 이야기 하다가 준비해온 검으로 찔러 죽이고 에브라임 산으로 돌아와 모압인 1만 명을 죽이고 항복을 받은 후 사사가 되어 80년간 이스라엘을 태평하게 하였다(삿 3:15-30).

[동명이인] • 베냐민 자손 빌한의 아들(대상 7:10).

142. 엘가나

[원어이름] Elkanah

[이름의뜻] 하나님은 소유하신다.

[인물평가] 아내의 결점까지 사랑한 남편.

[한자이름] 以利加拿(이리가나) yǐ lì jiā ná

[특기사항] 사무엘의 아버지이며(삼상 1:19) 에브라임 산지 라마다임소빔 사람으로 여로함의 아들이다(삼상 1:1; 대상 6:27). 그의 아내는 한나와 브닌나이다(삼상 1:2).

[동명이인]
- 다윗이 법궤를 둔 성막의 출입구를 지키는 사람(대상 15:23).
- 아하스 왕의 총리대신으로 베가가 예루살렘을 칠 때 에브라임의 용사 시그리에게 포살되었다(대하 28:7).
- 이 이름은 레위 지파 중에 많은데 그밖에 7인이 있다.(출 6:24, 대상 6:23, 25, 26, 9:16, 12:6, 15:23).

143. 엘르아살

[원어이름] Eleazar

[이름의뜻] 신의 도움.

[인물평가] 아론의 직분을 승계한 대제사장.

[한자이름] 以利亞撒(이리아살) yǐ lì yà sā

[특기사항] 아론과 엘리세바 사이에서 낳은 셋째 아들이다(출 6:23). 그는 비느하스의 아버지이며(출 6:25; 수 24:33) 사독과 에스라의 선조가 되었다(대상 6:3-15; 스 7:1-5). 그는 아론의 후계자로 자기 형제들과 더불어 제사장 직분을 맡았다(출 28:1; 민 3:1-4). 모세는 그의 임종이 가까웠을 때 엘르아살 앞에서 여호수아에게 자기가 수행해 왔던 임무를 위임하였으며(민 27:18-23), 엘르아살과 여호수아는 이스라엘 백성에게 제비를 뽑아 가나안 땅을 분배하였다(민 32:28; 34:17; 수 14:1; 17:4; 19:51; 21:1).

[동명이인]
- 아비나답의 아들인데 블레셋에서 법궤를 옮겨오다가 이 사람의 집에 임시로 둠(삼상 7:1).
- 다윗왕의 세 용사 중 한 사람(삼하 23:10).
- 예수의 육신의 조부(마 1:15).
- 예루살렘성을 중수하고 봉헌식에 협조한 한 제사장(느 12:42).
- 그 밖에 3인이 있다(대상 23:21, 스 8:33, 10:25).

144. 엘리

[원어이름] Eli

[이름의뜻] 고상함.

[인물평가] 자녀로 인해 몰락한 가문의 제사장.

[한자이름] 以利(이리) yǐ lì

[특기사항] 사사시대 말기의 대제사장(삼상 1:9). 사무엘을 맡아 기르는 데는 성공하였으나 자기 아들을 교육시키는 데는 실패하였다(삼상 2:11-12). 하나님의 견책을 받고 더우기 블레셋과의 전쟁에서 대패하여 언약궤를 빼앗기고 두 아들은 전사함(삼상 4:17). 두 아들이 죽은 비보를 들은 엘리는 의자에서 넘어져 목이 부러져 죽고 그의 며느리도 모든 소식을 듣고 놀라 이미 잉태하였던 아이를 해산하고 죽으니 멸문의 화를 당하는 중에서 오직 이때에 생산한 아들 고아 이가봇이 있을 뿐이다(삼상 4:18-22). 그의 자손은 솔로몬 왕에게 쫓겨난 아비아달을 최후로 제사장직에서 물러났다(왕상 2:27).

145. 엘리멜렉

[원어이름] Elimelech

[이름의뜻] 하나님은 왕이시다.

[인물평가] 약속의 땅을 떠난 자.

[한자이름] 以利米勒(이리미륵) yǐ lì mǐ lè

[특기사항] 베들레헴 사람으로 나오미의 남편이었다. 큰 흉년을 만나 가족을 거느리고 모압으로 이주하여 사는 중 거기서 죽었다. 그의 아들은 다윗의 조상이 된 룻과 결혼하였다(룻 1:2-3,4:3, 9).

146. 엘리사

[원어이름] Elisha

[이름의뜻] 하나님의 구원.

[인물평가] 기적적인 능력으로 조국을 지킨 선지자.

[한자이름] 以利沙(이리사) yǐ lì shā

[특기사항] 아벨므홀라인 사밧의 아들로 소 12겨리로 밭을 갈고 있을 때 엘리야가 지나 가다가 겉옷을 벗어던지며 부르니 농구를 불살라 소 한 겨리를 잡아 백성에게 주어 먹이고 엘리야를 따라가 제자가 되었다(왕상 19:16-21).

147. 엘리사벳

[원어이름] Elizabeth

[이름의뜻] 신의 맹약.

[인물평가] 흠 없고 의로운 여인.

[한자이름] 以利沙伯(이리사백) yǐ lì shā bǎi

[특기사항] 제사장 사가랴의 아내이며 세례 요한의 어머니로(눅 1:5, 7, 13, 36), 예수님의 어머니 마리아와 친척이었다(눅 1:36). 사가랴와 엘리사벳에 대해 누가는 "두 사람이 하나님 앞에 의인이니 주의 모든 계명과 규례대로 흠이 없이 행하더라"(눅 1:6)고 소개했다. 엘리사벳은 나이가 많았으나 수태하지 못했는데(눅 1:7), 주의 사자가 사가랴에게 나타나 엘리사벳이 수태할 것을 예언했다(눅 1:11-17).

148. 엘리야

[원어이름] Elijah

[이름의뜻] 여호와는 하나님.

[인물평가] 병거 타고 승천한 선지자.

[한자이름] 以利亞(이리아) yǐ lì yà

[특기사항] 디셉 사람(왕상 17:1). 이스라엘의 예언자 중 가장 무서웠던 예언자. 북왕국 아합왕(B.C. 876-854)

과 아하시야왕 시대에 걸쳐 사역하였다. 그는 험상한 모습과 탈속한 옷차림, 비호같이 빠른 걸음, 기근도 걱정하지 않을 정도의 건장한 모습, 굴에서도 살 수 있는 억센 습관이 그의 특색이었다. 여호와 신의 예배에 절대적인 선지자였고 국가 운명에 대하여 예민한 통찰과 염려를 한 애국적인 인물이며 구약 선지의 대표적인 인물이다.

[동명이인] • 베냐민의 족장(대상 8:7).
• 레위사람(대상 23:19, 24:23).

149. 여로보암

[원어이름] Jeroboam

[이름의뜻] 백성이 많음.

[인물평가] 이스라엘로 범죄케 한 왕.

[한자이름] 耶羅波安(야라파안) yé luó bō ān

[특기사항] 이스라엘 초대 왕(왕상 12:20). 에브라임 족속 스레다 사람 즈밧의 아들로 모친은 스루아이이다(왕상 1:26).

150. 여호람

[원어이름] Jehoram

[이름의뜻] 여호와는 존귀하심.

[인물평가] 결혼정책의 제물이 된 왕.

[한자이름] 約蘭(약란) yāo lán

[특기사항] 여호사밧의 장자이며 아달랴의 남편이다(왕하 1:17; 8:26). 유다의 5대 왕(왕하 8:16)으로, 32세에 왕이 되어 8년간 통치했다(왕하 1:17; 8:17).

[동명이인] • 요람이라고도 부르는 아합의 아들(왕하 6:30-33).

• 유대왕 여호사밧의 백성을 가르치기 위하여 파견한 선지자 중의 한 사람(대하 17:18).

151. 여호사밧

[원어이름] Jehoshaphat

[이름의뜻] 신의 재판.

[인물평가] 신앙으로 개혁에 힘쓴 왕.

[한자이름] 約沙法(약사법) yāo shā fǎ

[특기사항] 유대국 제7대 왕(왕상 15:24,마 1:8) 그 부친 아사왕을 본받아 정치를 여호와 보시기에 정직하게 하여 부귀와 영화를 누리었으나 이스라엘왕 아합과 친하여 혼인하였다(대하 18:1).

[동명이인] • 오벧에돔의 차자로서 성전 문지기(대상 26:4).
• 솔로몬왕 때의 사관으로 아힐롯의 아들(왕상 4:3).
• 솔로몬왕 때 잇사갈 지방의 장관으로 바루아의 아들(왕상 4:17).
• 이스라엘국의 제10대왕 예후의 부친(왕하 9:2).
• 다윗 정부의 사관(삼하 8:1-15).

152. 여호수아

[원어이름] Joshua

[이름의뜻] 여호와는 구원이시다.

[인물평가] 가나안 정복의 지도자.

[한자이름] 約書亞(약서아) yāo shū yà

[특기사항] 에브라임 지파인 눈의 아들로, 원래 호세아라고 하다가 여호수라로 불렸다(민 13:8). 아말렉과의 전쟁에서 군대 지휘관으로 혁혁한 공을 세웠고(출 17:8-16), 모세의 수종자로 모세와 함께 시내 산에 올라가는 특권을 누렸다(출 24:13). 가나안 땅을 정탐한 12명의 정탐꾼 가운데 갈렙과 함께 하나님에 대한 확고한 믿음의 모범을 보였다(민 14:6-9). 모세의 후계자로 임명되어(민 27:22-23) 이스라엘 백성을 가나안 땅으로 인도하였다(수 1-24장).

[동명이인] • 벳세메스인 여호수아(삼상 6:7-21).
• 유대왕 요시아 때에 예루살렘 통치자 여호수아(왕하 23:8).
• 여호사닥의 아들로서 대제사장(학 1:1).

153. 예레미야

[원어이름] Jeremiah

[이름의뜻] 여호와는 멀다.

[인물평가] 눈물로 회개를 선포한 선지자.

[한자이름] 耶利米(야리미) yé lì mǐ

[특기사항] 베냐민 땅 아나돗 제사장 힐기야의 아들로서 4대 선지 중의 한 사람. 유대 왕 요시아 13년부터 시드기야 왕 11년까지 42년간(B.C. 628-586)의 선지자(렘 1:1-3).

154. 예후

[원어이름] Jehu

[이름의뜻] 그가 여호와시다.

[인물평가] 처절한 하나님의 심판 도구.

[한자이름] 耶戶(야호) yé hù

[특기사항] 님시의 손자이자 여호사밧의 아들로, 북이스라엘의 10대 왕이었으며 제5왕조의 첫 왕이었다. 그는 군대 장관이었으나, 엘리사에 의해 왕으로 기름 부음을 받았다(왕하 9:1-10). 예후는 왕이 되자 엘리사의 예언대로 과감하게 오므리 왕조(아합)에 속한 요람(왕하 9:24) 왕과 이세벨(왕하 9:33-37), 그리고 아합의 왕자 70명을 죽여(왕하 10:1-8) 하나님의 심판을 행하였다. 유다 왕 아하시야(왕하 9:27)와 그의 형제 42명을 죽이기도 하였다(왕하 10:12-14).

[동명이인]
- 이스라엘 왕 바아사 때의 선지자로, 하나니의 아들이다(왕상 16:1-12). 그는 유다 왕 여호사밧에게 하나님을 믿지 않고 이스라엘의 악한 왕 아합과 연합한 것을 경고하였다(대하 19:2).
- 다윗이 시글락에 있을 때 그와 연합한 베냐민 지파의 사람이다(대상 12:1-3). 아나돗 출신의 그는 사울의 동족이기도 했다.
- 시므온의 후손이자 요시비야의 아들이다(대상 4:35). 히스기야 왕 때에 시므온 족의 한 족장이었다.
- 유다 지파에 속한 오벳의 아들이자 아사랴의 아버지이다(대상 2:38).

155. 오네시모

[원어이름] Onesimus

[이름의뜻] 이익.

[인물평가] 주 안에서 해방된 노예.

[한자이름] 阿尼西母(아니서모) ā ní xī mǔ

[특기사항] 빌레몬의 종으로(몬 16) 로마 감옥에 갇혀 있던 사도 바울이 빌레몬에게 보낸 편지에 언급된 인물이다. 그는 어느 날 주인에게서 도망쳐 로마로 갔으며, 그때 감옥에 있던 바울을 통해 그리스도인이 되었다(몬 9-10). 그 이후부터 그는 신실하고 사랑받는 형제가 되었다(골 4:9). 바울은 빌레몬에게 보내는 편지에서 오네시모를 자신의 '아들'(몬 10), '심복'(몬 12), '사랑받는 형제'(몬 16)로 묘사하면서, 오네시모를 사랑하는 형제 동료 그리스도인으로 받아들여 주기를 부탁했다. 후에 오네시모는 두기고와 함께 바울이 골로새 교회에 보내는 편지를 전달하였다(골 4:7-9).

156. 오르바

[원어이름] Orpah

[이름의뜻] ?

[인물평가] 안일 속에 머물고 만 여인.

[한자이름] 俄珥巴(아이파) é ěr bā

[특기사항] 모압 여인으로 기룐의 아내, 나오미의 며느리, 룻의 동서이다(룻 1:4). 흉년을 피해 유다 땅에서 모압으로 갔던 시어머니 나오미가 고향으로 돌아가려 할 때 오르바는 동서인 룻과 함께 나오미를 따라 베들레헴으로 가려 했다. 하지만 그녀는 시어머니의 권유로 고향 모압으로 돌아갔다(룻 1:14-15).

157. 오므리

[원어이름] Omri

[이름의뜻] 여호와를 숭배하는 자.

[인물평가] 사마리아 성을 건설한 왕.

[한자이름] 暗利(암리) àn lì

[특기사항] 오므리 왕조의 설립자인 동시에 북이스라엘의 여섯 번째 왕이다. 그의 왕조는 아합, 아하시야, 여호람에 이르기까지 4대가 계승되었다(왕상 16:15-28). 처음에 오므리는 바아사의 아들 엘라의 군대장관이었다. 바아사가 죽은 후 북이스라엘은 무정부 상태에 빠졌고, 결국 오므리와 그의 원정군이 남방에 있던 깁브돈에서 블레셋과 대치하고 있을 때 시므리

의 모반 소식이 전해졌다. 이때 오므리는 '이스라엘 무리'에 의해 왕으로 추대되었고(왕상 16:16) 즉시 시므리를 치기 위해 디르사로 이동했다. 마침내 오므리는 성을 차지했고, 시므리는 왕위에 오른 지 7일만에 모든 것을 잃고 자살했다(왕상 16:18).

[동명이인] • 베냐민 사람 베겔의 아들(대상 7:8).
• 베레스의 자손 유다 사람(대상 9:4).
• 다윗 치세 때의 잇사갈의 방백(대상 26:18).

158. 오바댜

[원어이름] Obadiah

[이름의뜻] 여호와의 종, 여호와를 경외하는 자.

[인물평가] 하나님을 경외한 궁내대신.

[한자이름] 俄巴底亞(아파저아) é bā dǐ yà

[특기사항] 오바댜를 쓴 선지자로, 그에 대해서 알려진 것은 거의 없다(옵 1:1). 성경에서는 오바댜 선지자를 비롯하여 아합 왕이 선지자 멸절 정책을 행할 때 선지자 100명을 굴에 숨겨 주었던 하나님을 경외하는 궁내대신 오바댜(왕상 18:3-4)까지 모두 13명이 나온다.

[동명이인] • 아합의 궁전에 있던 사람으로, 이세벨의 분노에

도 불구하고 하나님을 섬기고 선지자를 도와 주었던 사람이다(왕상 18:3-16).

- 하나냐의 아들이며 스룹바벨의 후손이다(대상 3:21).
- 잇사갈 지파의 족장이다(대상 7:3).
- 베냐민 지파에 속한 아셀의 아들이다(대상 8:38; 9:44).
- 바벨론 포로 귀환 때 돌아온 레위인으로 스마야의 아들이다(대상 9:16; 느 12:25).
- 에셀, 엘리압과 함께 다윗의 용사 가운데 한 사람이다(대상 12:9).
- 이스마야의 아버지로, 다윗의 군대에서 스불론 지파의 관장이었다(대상 27:19).
- 여호사밧의 다섯 군장 가운데 한 사람으로, 유다 전역에서 '하나님의 율법 책'을 가르친 사람이다(대하 17:7-9).
- 요시야 왕 때 성전을 재수리하던 므라리의 후손 가운데 한 사람이다(대하 34:12).
- 바벨론 포로 귀환 때 에스라와 함께 돌아온 제사장 가운데 한 사람이다(스 8:9).
- 에스라와 느헤미야가 지도자였던 당시에 성전 문지기 가운데 한 사람이다(느 12:25).

- 느헤미야 시대 제사장 가운데 한 사람이다(느 10:5).

159. 옷니엘

[원어이름] Othniel

[이름의뜻] 하나님은 힘이시다.

[인물평가] 이스라엘 최초의 사사.

[한자이름] 俄陀聶(아타섭) é tuó niè

[특기사항] 이스라엘의 첫 번째 사사로 갈렙의 조카이며 그나스의 아들이다(삿 3:9). 그는 기럇세벨이라고 부른 드빌을 정복한 공로로 갈렙의 딸 악사를 아내로 맞이하였다(수 15:15 -17; 삿 1:13). 이스라엘이 메소포타미아 왕 구산 리사다임으로부터 고통 받을 때 그가 이스라엘을 구했다(삿 3:7-11).

160. 와스디

[원어이름] Vashti

[이름의뜻] 정숙.

[인물평가] 폐위당한 정숙한 왕후.

[한자이름] 瓦實提(와실제) wǎ shí dī

[특기사항] 바사 왕 아하수에로의 아내였다(에 1:9). 와스디는 왕이 잔치를 베푼 뒤 아내의 아름다움을 자랑하기 위해 연회장으로 나오기를 청했던 것을 거절했다가 폐위되었다(에 1:19). 이때 와스디가 연회장에 나가기를 거절한 이유를 요세푸스는 남에게 아내의 얼굴을 보여 주지 않는 바사의 관습을 따랐기 때문이라고 했다. 또 유대인의 탈굼에는 "나체로 나오라는 왕의 요구 때문이었다"고 기록되어 있다. 어쨌든 공식 석상에서 왕의 명령을 거절하고 자신의 뜻을 밝혔던 와스디는 폐위되었는데 그 이유는 와스디가 왕명에 불순종하여 남편을 멸시한 선례를 남겼기 때문이었다(에 1:16-18, 20). 한편 와스디에 이어서 왕후가 된 여인은 에스더였다(에 2:16-17).

161. 요게벳

[원어이름] Jochebed

[이름의뜻] 여호와는 영광이다.

[인물평가] 신앙으로 자녀를 키운 어머니.

[한자이름] 約基別(약기별) yāo jī bié

[특기사항] 레위의 딸이요 모세의 어머니. 애굽 왕녀에게 양자로 간 모세의 유모로 들어가 모세를 신앙으로 길

러내며 애국애족의 정신으로 일깨워 위대한 지도자의 밑거름이 되었다(출 2:1-10, 6:20, 민 20:59, 히 11:23).

※ 예수님의 모친 마리아와 사무엘의 모친 한나와 더불어 성경 상에 나타난 3대 현모.

162. 요나

[원어이름] Jonah(Jonas)

[이름의뜻] 비둘기.

[인물평가] 니느웨 성의 회개를 외친 선지자.

[한자이름] 約拿(약나) yāo ná

[특기사항] 선지자 중의 한 사람으로 가드헤벨 사람 아밋대의 아들이다(왕하 14:25). 요나는 하나님으로부터 앗수르의 수도 니느웨에 대한 심판을 외치라는 명령을 받았다(욘 1:2). 당시 앗수르는 말할 수 없이 이스라엘 백성을 괴롭혔으므로 요나는 니느웨 사람들이 회개하여 화를 면하는 것을 원하지 않았다. 오히려 이방신(느보 신)을 섬기는 니느웨가 철저히 타락하여 멸망하는 모습을 보고 싶었다. 그래서 하나님의 명령을 거역하고 다시스로 가는 배를 탔다가 풍랑을 만나서 바다에 던져졌다(욘 1:4-15). 그 뒤 요나는 큰 고기 뱃속에서 철저히 회개한 다음 니

느웨로 가서 하나님의 심판을 외쳤으며 니느웨를 향한 하나님의 사랑을 알게 되었다(욘 4:11).

[동명이인] 베드로의 아버지(요 21:15).

163. 요나단

[원어이름] Jonathan

[이름의뜻] 여호와가 주심.

[인물평가] 다윗의 진정한 친구.

[한자이름] 約拿單(약나단) yāo ná dān

[특기사항] 사울 왕의 장남으로 다윗의 절친한 친구였다(삼상 14:1). 그의 어머니는 아히노암이었고, 두 형제와 두 자매가 있다(삼상 14:49~50). 사울 왕의 가정에서 그는 이스라엘의 왕위에 오를 수 있는 유력한 후보자였으나 아버지의 범죄로 인해 왕의 지위를 다윗에게 양도하였다(삼상 18:4). 요나단은 자기가 이어받기로 되어 있는 왕위를 다윗이 차지할 줄 알면서도 그에 대한 우정을 배신하지 않고 오히려 아버지 사울 왕의 손에서 다윗을 구출하는 신실한 사람이었다(삼상 20:35~42). 나중에 요나단은 블레셋과의 전쟁에서 아버지 사울과 함께 전사했고(삼상 31:2), 다윗은 요나단과 사울 왕의 죽음을 슬퍼하

면서 애가를 지어 불렀다(삼하 1:17~27).

[동명이인] • 모세의 손자이며 게르손의 아들이다(삿 18:30). 에브라임에 있는 미가의 제사장으로 후에 단지파의 제사장이 됨(삿 17~18장).

• 아비아달의 아들로 다윗 시대의 제사장(삼하 15:24; 17:17-20).

• 다윗의 형 삼마의 아들로 가드 싸움에서 거인을 물리친 자(삼하 21:21).

• 하랄 사람 사게의 아들(대상 11:34).

• 웃시아의 아들로 다윗 통치 때에 왕실의 곳간을 맡았다(대상 27:25).

• 다윗의 삼촌으로 왕실 법정의 서기관이다(대상 27:32).

• 아딘 자손 에벳의 아버지이다(스 8:6).

• 아사헬의 아들로 에스라 시대에 이방인 아내를 취한 이스라엘 사람들의 문제를 해결하기 위해 조직된 유다인들에 반대한 사람이다(스 10:15).

• 요야김 시대의 제사장으로 스마야 족속의 족장이다(느 12:18).

• 아삽 계통의 제사장이며 스마야의 아들이고 스가랴의 아버지로 악기를 연주하였다(느12:35).

• 시드기야왕의 서기관으로 예레미야는 이 집에

죄수로 갇혔다(렘 37:15-20).

- 야센의 아들로 다윗의 용사 30명 중 한 사람이다(삼하 23:32).

164. 요셉

[원어이름] Joseph

[이름의뜻] 그는 이김 여호와가 더하시기를 바란다.

[인물평가] 의롭고 분별력 있는 사람.

[한자이름] 約瑟(약슬) yāo sè

[특기사항] 야곱의 12아들 중 11째 아들. 어머니는 라헬로 동복형제는 아우 베냐민이 있다. 야곱의 특별한 사랑을 받았고 재질이 뛰어나며 하나님 섬기기를 한결같이 하여 형제 중에 가장 뛰어난 인품을 보이었다(창 37:45).

[동명이인]
- 모세가 가나안을 정탐하기위해 보낸 한 사람 잇사갈 지파의 사람(민 13:7).
- 아삽의 아들(대상 25:2,9).
- 외국 여인에게 장가든 버니의 아들(스 10:42).
- 제사장(느 12:14).
- 예수의 어머니 마리아의 남편(마 1:16, 눅 3:23).
- 예수의 형제 중 한 사람(마 13:55)으로 아리마대

출신의 유대인인 그는 산헤드린 공회의 의원으로서 하나님의 나라를 대망하고 있었다(막 15:42-43, 마 27:57-60, 눅 23:50-53, 요 19:38).

- 바사바 또는 유스도로 불리는 그리스도인 예수 승천 후 사도를 보충할 때 맛디아와 같이 후보자가 되었다(행 1:23).
- 바나바의 개인 이름(행 4:36).

165. 요시아

[원어이름] Josiah

[이름의뜻] 여호와는 구원이시다.

[인물평가] 율법서를 발견한 종교개혁자.

[한자이름] 約西亞(약서아) yāo xī yà

[특기사항] 스가랴 시대 사람으로 스바냐의 아들(슥 6:10).

[동명이인] • 예수의 선조 중의 한 사람(마 1:10).

166. 요아스

[원어이름] Joash

[이름의뜻] 여호와 도우심.

[인물평가] 은혜를 원수로 갚은 왕.

[한자이름] 約阿施(약아시) yāo ā shī

[특기사항] 아버지는 남 유다 제6대 아하시야 왕으로 어머니는 시비아(왕하 12:1) 남유다 8대 왕으로 40년간 통치(B.C.837-800).

[동명이인]
- 여호아하스의 아들인 북 이스라엘왕(왕하 14:8-14).
- 북국 이스라엘의 아합왕의 아들(왕상 22:26).
- 기드온의 부친(삿 6:11).
- 그 밖에 6인이 있다(대상 7:8, 27:8, 삿 6:31, 왕상 22:26, 대상 4:22, 12:3)

167. 요안나

[원어이름] Joanna

[이름의뜻] 하나님의 은사.

[인물평가] 감사의 헌신의 여제자.

[한자이름] 約亞拿(약아나) yāo yà ná

[특기사항] 헤롯 안디바 왕가의 시종 구사의 아내(눅 8:3). 예수님의 무덤에 갔다가 빈 무덤을 발견하고는 제자들에게 그 소식을 전해 준 여인들 중 한 사람(눅 24:1-10).

168. 요압

[원어이름] Joab

[이름의뜻] 불의의 죄 값을 치른 장군.

[인물평가] 여호와는 아버지 되심.

[한자이름] 約押(약압) yāo yà

[특기사항] 다윗의 누이 스루야의 아들로서 아비새와 아사헬의 형(삼하 2:13).

[동명이인] • 갈렙의 후손 홀의 아들(대상 4:14).
• 그나스의 손자(대상 4:14).
• 스룹바벨과 같이 귀국한 이스라엘사람(스 2:6, 느 7:11).
• 에스라와 같이 귀국한 사람(스 8:9).

169. 요엘

[원어이름] Joel

[이름의뜻] 여호와는 하나님이시다.

[인물평가] 여호와의 날을 선포한 선지자.

[한자이름] 約珥(약이) yāo ěr

[특기사항] 소선지서의 두 번째 책인 요엘서를 기록한 선지자. 브두엘의 아들(욜 1:1). 브두엘이 '하나님의 설득자', 또는 '하나님의 성실성'을 뜻하는 것으로 보아

그의 가문이 경건한 가정이었던 것을 알 수 있다. 브두엘은 제사장이었을 것이다.

[동명이인] • 사무엘의 장자로 사사가 되어 이익을 따라 뇌물을 취하고 판결을 바르게 하지 못함으로 장로들의 배척을 받았다(삼상 8:2-3).

• 다윗 왕 때 레위인의 족장(대상 15:11).

• 히스기야왕의 명령에 의하여 성전을 깨끗하게 한 레위인(대하 29:12,15).

• 이방 여자와 사는 자(스 10:43).

170. 요한

[원어이름] John

[이름의뜻] 여호와의 사랑하는 자.

[인물평가] 예수님의 사랑을 가장 많이 받은 사랑의 사도.

[한자이름] 約翰(약한) yāo hàn

[특기사항] 그리스도의 선구자로서 제사장 사가랴와 엘리사벳 사이에서 난 아들이며 예수와 친척 관계이며 예수보다 6개월 먼저 출생했다(눅 1:, 2:).

[동명이인] • 사도요한. 예수의 12제자 중의 한 사람으로 야고보와 형제(막 3:17).

• 베드로의 아버지(요 1:42, 21:15).

- 마가요한(마가복음).
- 산헤드린 공회의원(행 4:6).

171. 욕단

[원어이름] Joktan

[이름의뜻] ?

[인물평가] ?

[한자이름] 約坍(약단) yāo tān

[특기사항] 셈의 자손 에벨의 아들이며 형은 벨렉이다(창 10:25). 욕단에게서 13명의 아들이 나왔다(창 10:26-29; 대상 1:20-23).

172. 욥

[원어이름] Jop

[이름의뜻] 원한다.

[인물평가] 완전한 동방의 의인.

[한자이름] 約伯(약백) yāo bó

[특기사항] 아라비아 우스에 사는 의인으로 큰 재산가요 자녀가 많은 중에도 여호와를 경외하였다(욥 1:1).

173. 우리아

[원어이름] Urias

[이름의뜻] 빛.

[인물평가] 충직한 신하의 표상.

[한자이름] 烏利亞(오리아) wū lì yà

[특기사항] 헷족속의 사람으로 다윗의 충성된 군인이요 미인 밧세바의 남편. 그 아내 밧세바는 다윗왕의 왕비가 되었다(삼하 11:, 마 1:6).

[동명이인] • 유대국 아하스 왕 때의 제사장(왕하 16:20-21).
• 예레미야 선지와 동시대의 선지자(렘 26:20-21).

174. 웃시야

[원어이름] Uzzah

[이름의뜻] 하나님의 힘.

[인물평가] 교만으로 천형을 받은 왕.

[한자이름] 烏西雅(오서아) wū xī yǎ

[특기사항] 유대왕 아마샤의 아들인데 아사랴라고도 부른다(마 1:8, 왕하 15:13). 16세에 즉위하여 52년간 재위 중 보필자 스가랴가 살아있는 동안 다윗 왕과 같이 여호와를 섬겼다. 어떤 강적이라도 다 이기고 무기를 많이 발명하고 예루살렘 성을 견고하게 하

니 그의 명성이 원근에 높아지자 마음이 교만하여져서 성전에 들어가 사사로이 분향한 죄로 문둥병에 걸려 종신토록 별궁에 있다가 주전 756년에 별세하여 열왕의 묘실 곁에 장사하였다. 병중에는 그의 아들 요담이 섭정하였다(대하 26:1).

175. 유니게

[원어이름] Eunice

[이름의뜻] 유명한 정복자.

[인물평가] 디모데의 현모.

[한자이름] 友尼基(우니기) yǒu ní jī

[특기사항] 로이스의 딸이며, 디모데의 어머니이다(딤후 1:5). 유니게는 유대인이며, 그녀의 남편은 헬라인이었다(행 16:1). 바울의 전도에 의해 믿게 된 경건한 부인으로 거짓 없는 믿음을 가진 자로 칭찬받았다(딤후 1:5 참고).

176. 유다

[원어이름] Judah

[이름의뜻] 여호와를 찬송하리로다.

[인물평가] 메시아 후손을 약속받은 자.

[한자이름] 猶大(유대) yóu dà

[특기사항] 야곱의 넷째 아들(창 29:35, 마 1:2). 레아가 B.C 1755년에 하란에서 낳았다. 여러 형제가 어린 동생 요셉을 죽이려고 하는 것을 미디안 상인에게 팔게 했다(창 37:26-27).

[동명이인]
- 예수의 조상으로 바벨론 포로 이전 사람(눅 3:30).
- 사도 중 한 사람으로 일명 다대오(요 14:22, 마 10:3).
- 예수의 동생(마 13:55).
- 가룟인 유다(마 26:14-51,27:5, 행 1:18).
- 바사바라하는 유다(행 15:22).
- 갈릴리 유다(행 5:37).
- 다메섹성 직가에 사는 유다(행 9:11).

177. 유두고

[원어이름] Eutychus

[이름의뜻] 복되다.

[인물평가] 바울의 이적으로 소생한 청년.

[한자이름] 猶推古(유추고) yóu tuī gǔ

[특기사항] 바울이 드로아에서 강론하는 좌석에 참예하여 깊이 졸다가 3층에서 떨어져 죽으니 바울이 곧 다시 살려 주었다(행 20:9).

178. 율리오

[원어이름] Julius

[이름의뜻] ?

[인물평가] 바울에게 호의를 베푼 로마 백부장.

[한자이름] 猶流(유류) yóu liú

[특기사항] 로마 아구사도대의 백부장으로 바울을 로마까지 호송하는 임무를 맡은 사람이다(행 27:1). 그는 시돈에 도착했을 때 바울에게 친절히 대접하여 바울의 친구들이 동행할 수 있도록 배려해 주었다(행 27:3). 율리오는 그레데 섬 한 항구에 과동하자는 바울의 제안을 무시하기도 했으나 폭풍을 만난 후에는 바울의 충고에 귀를 기울였다(행 27:10-11, 31-32). 후에 멜리데 섬에 가까웠을 무렵 배가 조난당하자 군사들은 죄수들이 도망칠 것을 두려워하여 죽이려고 했으나 그는 바울을 보호해 주었다(행 27:41-43).

179. 이사야

[원어이름] Isaiah

[이름의뜻] 여호와의 구원.

[인물평가] 희망과 복음의 선지자.

[한자이름] 以賽亞(이새아) yǐ sài yà

[특기사항] 귀족 출신인 아모스의 아들이며 4대 선지자 중 가장 위대한 자이다. 아내와 두 아들로 더불어 예루살렘에 거하는 일생동안 험한 베옷을 입고 B.C. 759년부터 60년간 곧 유대국 웃시아, 요담, 아하스, 히스기야 4대에 걸쳐 예언하였다(사 1:1).

180. 이삭

[원어이름] Isaac

[이름의뜻] 웃음.

[인물평가] 순종과 온유의 사람.

[한자이름] 以撒(이살) yǐ sā

[특기사항] 아브라함과 사라 사이에서 출생한 아들(창 21:). 그가 태어났을 때 아브라함은 100세(B.C.1890) 사라는 90세였다(창 17:17). 이삭은 아브라함이 자기를 번제물로 바치려고 했을 때 반항하지 않았으며(창 22:8-10), 이를 지켜 보신 하나님께서는 그를

대신하여 숫양을 준비해 두셨다(창 22:13-14). 그는 리브가와 40세에 결혼하였으나 아이가 생기지 않자 아브라함과는 달리 하나님께 간구하고 기다려서(창 25:21) 60세에 쌍둥이 에서와 야곱을 낳았다(창 25:25). 그는 에서를 야곱보다 더 사랑하여 노년에 축복하려 하였으나 리브가와 야곱의 속임수로 야곱에게 장자의 축복을 부어 주었다(창 27:5-30). 180세에 죽었다(창 35:28).

181. 이새

[원어이름] Jesse

[이름의뜻] 주의 선물.

[인물평가] 메시아의 혈통을 이어나간 자.

[한자이름] 耶西(야서) yé xī

[특기사항] 베들레헴 에브랏 사람이며 다윗 왕의 아버지이다(삼상 17:12; 행 13:22). 보아스의 손자이고 오벳의 아들로 예수님의 족보에도 기록되었다(룻 4:21-22; 마 1:5-6; 눅 3:32). 그는 여덟 명의 아들과 두 명의 딸을 두었다(삼상 17:12-14; 대상 2:13-16). 두 딸 스루야와 아비가일은 다윗의 유명한 용사였던 요압, 아비새, 아사헬, 아마사의 어머니이다(대

상 2:16-17).

182. 이세벨

[원어이름] Jezebel

[이름의뜻] ?

[인물평가] 사악한 바알 숭배자.

[한자이름] 耶洗別(야세별) yé xǐ bié

[특기사항] 북이스라엘의 왕 아합(BC 874-853년)의 왕비로 엣바알의 딸이다(왕상 16:31). 엣바알은 시돈 사람의 왕이었다(왕상 16:31). 원래 바알의 제사장이었던 엣바알은 시돈의 왕 펠레스(Pheles)를 죽인 후 왕위에 올랐다. 그의 이름 '엣바알'의 뜻은 '바알과 함께한 자'라는 뜻이며 이것은 그가 바알에게 헌신한 열성적인 바알 신 숭배자라는 것을 뜻한다. 이러한 강한 이교적 배경을 갖고 있었던 이세벨은 성경에서 가장 이교적이며 잔인한 성격의 여성으로 묘사되었다(왕상 21:5-16, 25; 왕하 9:22).

183. 이스마엘

[원어이름] Ishmael

[이름의뜻] 하나님께서 들으셨다.

[인물평가] 육체를 따라 난 자.

[한자이름] 以實瑪利(이실마리) yǐ shí mǎ lì

[특기사항] 아브라함과 사라의 종 애굽여인 하갈 사이에서 낳은 아들(창 16:11; 대상 1:28). 그의 이름은 태중에 있을 때 하나님께서 하갈에게 지어주신 것이다(창 16:11). 그는 13세에 할례를 받았으며(창 17:25) 이복 동생 이삭을 희롱하다가 하갈과 함께 광야로 쫓겨나 유랑생활을 하였다(창 21:9-14). 하나님께서는 이스마엘 모자의 부르짖는 소리를 들으시고 큰 민족을 이루게 하리라는 축복을 주셨다(창 21:18).

[동명이인] • 요나단의 자손(대상 8:38, 9:44).

• 느다니야의 아들(왕하 25:25).

184. 이스보셋

[원어이름] Ishbosheth

[이름의뜻] 자랑. 힘.

[인물평가] 사울 왕가의 마지막 왕.

[한자이름] 伊施波設(이시파설) yī shī bō shè

[특기사항] 사울의 넷째 아들. 부친 사울왕이 죽은 후에 7년 동안 이스라엘 왕위를 다윗과 겨루었다(삼하 2:8-10).

185. 임마누엘

[원어이름] Emmanuel

[이름의뜻] 하나님이 우리와 함께 계신다.

[인물평가] 예수는 임마누엘의 실현.

[한자이름] 以馬內利(이마내리) yǐ mǎ nèi lì

[특기사항] 이사야가 수리아 에브라임 연합군에 놀란 아하스에게 임마누엘이 나실 것을 예언. 하나님이 그 백성과 같이 계실 것을 선언했으나 아하스는 믿지 않았다(사 7:14).

:: ㅎ

186. 하갈

[원어이름] Hagar

[이름의뜻] 도망.

[인물평가] 쫓겨난 사라의 여종.

[한자이름] 夏甲(하갑) xià jiǎ

[특기사항] 사래의 여종으로, 아브람의 첩이 된 애굽 여인이다(창 16:1). 아브람이 가나안에 거한 지 10년 후 그의 첩이 된 하갈은 잉태한 뒤 여주인 사래를 멸시하였다(창 16:4). 결국 그녀는 사래로부터 학대를 받자 임신한 몸으로 광야로 도망했고(창 16:6), 광야 한 샘물에서 여호와의 사자를 만나 "여주인에게 돌아가서 그 수하에 복종하라"는 말을 들었다(창 16:9). 이때 하갈은 아들을 낳아 이름을 이스마엘이라 하며, 그 자손의 수가 많아 셀 수 없게 될 것이라는 약속도 받았다(창 16:10-12).

ㅎ

187. 하만

[원어이름] Haman

[이름의뜻] ?

[인물평가] 자기 꾀에 빠진 유대인의 원수.

[한자이름] 哈曼(합만) hā màn

[특기사항] 아각사람 하므다다의 아들로서 아하수에로 왕의 총리 대신(에 3:1). 유대인 모르드개가 자기를 섬기지 않는다하여 모르드개를 나무에 달고 유대인은 전멸할 계획을 세우고 왕에게 청하여 전국에 조서

를 내렸다. 그러나 일은 뒤집혀서 모르드개를 달려고 하던 나무에 하만이 달렸고 유대인을 죽이려하던 모든 사람들은 유대인의 손에 죽임을 당했다(에 3:1, 5:7). 지금도 유대인은 일반적인 원수의 대명사를 하만이라 하고 부림절에 에스더서를 낭독 할 때에 하만의 이름이 나올 때마다 발을 구르며 특별히 만든 종을 울린다.

188. 하박국

[원어이름] Habakkuk

[이름의뜻] 씨름하는 자.

[인물평가] 신비함을 남긴 저자.

[한자이름] 哈巴谷(합파곡) hā bā gǔ

[특기사항] 12선지 중의 한 사람이며 하박국서의 저자인데 그의 개인적인 사적은 전연 알 수 없고 동시대의 예레미야보다도 전대의 이사야에게서 영향을 받은 것으로 추측한다. 그의 저서에서 "의인은 믿음으로 말미암아 살리라"한 말씀을 인용하여 바울이 가장 중대한 교리의 기초로 삼았다(합 2:4, 롬 1:17).

189. 하와

[원어이름] Eve

[이름의뜻] 산자의 어미.

[인물평가] 인류의 첫 어머니.

[한자이름] 夏娃(하왜) xià wá

[특기사항] 하나님이 만드신 최초의 사람인 아담의 갈비뼈를 취하여 만든 여자로 아담의 아내이다(창 2:21-25). 가인과 아벨을 낳았으며(창 4:1-2) 아벨이 죽은 후에 셋을 낳았다(창 4:25). 그녀는 사탄의 유혹에 넘어가 하나님이 금하신 선악과를 따먹고 남편인 아담에게도 주어 먹게 하는 죄를 범하였다(창 3:1-6). 이 때문에 하나님으로부터 잉태하는 고통이 더하게 되는 징계와 남편의 다스림을 받는 심판을 받았다(창 3:16). 처음에 창조되었을 때 그녀는 '여자' 라고 불렸다(창 2:23). 타락 후엔 아담에 의해 '모든 산 자의 어미' 라는 뜻을 가진 이름인 '하와' 라고 불리게 되었다(창 3:20).

190. 학개

[원어이름] Haggai

[이름의뜻] 쾌락. 즐거운 축제일.

[인물평가] 성전 재건을 독려한 선지자.

[한자이름] 哈該(합해) hā gāi

[특기사항] 12소선지 중의 한 사람으로 학개서의 저작자(학 1:12,13, 2:1).

스가랴와 동시대 사람(슥 5:1, 6:14).

191. 한나

[원어이름] Hannah

[이름의뜻] 자비. 은총.

[인물평가] 기도의 어머니.

[한자이름] 哈拿(합나) hā ná

[특기사항] 에브라임 사람 엘가나의 아내이다(삼상 1:1-2). 오랜 동안 아기를 낳지 못해 남편의 다른 아내인 브닌나에게 멸시를 당했다(삼상 1:5-6). 하나님의 성소에 나아가 기도하며 하나님이 아들을 주시면 나실인으로 키워 하나님께 바치겠다고 서원하였다(삼상 1:10-11). 기도의 응답으로 아들 사무엘을 낳았으며(삼상 1:20) 서원대로 사무엘을 하나님께 바쳤다(삼상 1:28). 하나님께 사무엘을 바친 후 그녀는 구약의 송가라고 불리우는 '한나의 노래'를 불러 하나님께 감사와 찬송을 드렸다(삼상 2:1-10). 그

리고 한나는 매년제를 드리러 실로에 올라갈 때마다 작은 겉옷을 지어 사무엘에게 주는 어머니의 사랑을 보였다(삼상 2:19). 그 후 하나님은 그녀에게 아들 셋과 딸 둘을 주셨다(삼상 2:21).

192. 함

[원어이름] Ham

[이름의뜻] 검다, 덥다.

[인물평가] 저주 받은 아들.

[한자이름] 含(함) hán

[특기사항] 노아가 500세 이상이 되어서 낳은 둘째 아들(창 5:32, 6:10, 9:10, 9:24).

193. 헤로디아

[원어이름] Herodias

[이름의뜻] 영웅의 딸.

[인물평가] 희대의 간부(奸婦).

[한자이름] 希羅底(희라저) xī luó dǐ

[특기사항] 헤롯 대왕의 손녀이고 헤롯 대왕의 아들 아리스토불로스의 딸이다. 그녀는 삼촌인 헤롯 빌립과 결혼

했다가 다시 그 동생 헤롯 안디바와 재혼했다. 이 결혼에 대해서 옳지 못하다고 비난하는 세례 요한에게 분노한 그녀는 헤롯 안디바를 설득해서 요한을 감옥에 가두었고(마 14:3-4; 막 6:17; 눅 3:19-20), 딸 살로메를 통해 어떤 소원도 들어 주겠다는 헤롯의 약속을 받아내었다(마 14:7). 결국 헤로디아는 살로메의 소원을 빙자하여 세례 요한의 목을 잘랐고, 그의 제자들은 시체를 가져다가 장사지냈다(마 14:10-12).

194. 헤롯

[원어이름] Herod

[이름의뜻] 영웅의 아들.

[인물평가] 폭력과 불의의 왕.

[한자이름] 希律(희율) xī lǜ

[특기사항] 팔레스틴의 통치권을 가졌던 안디바델(B.C. 55-43)의 둘째 아들로 헤롯 왕가의 창시자이며 예수 탄생시의 헤롯대왕(B.C. 37-4)(마 2:1-18).

[동명이인]
- 헤롯 안디바(B.C.3-A.D39) 헤롯 대왕의 둘째 아들(눅 3:1).
- 헤롯 아켈라오.

- 헤롯 빌립 1세. 헤로디아의 처음 남편(막 6:17).
- 헤롯 빌립 2세(B.C.4-A.D 34).
- 헤롯 대왕과 그의 다섯째 처와의 사이에서 난 아들.
- 헤롯 아그립바 1세(A.D.37-44) 아그립바왕.
- 헤롯 아그립바 2세(A.D.50-100) 아그립바 왕.

195. 헤만

[원어이름] Hermon

[이름의뜻] 신실함.

[인물평가] 충실한 성가대장.

[한자이름] 希幔(희만) xī màn

[특기사항] 요엘의 아들로 다윗 시대에 제사장 사독을 도와 찬송과 놋제금 연주로 봉사한 사람이다(대상 6:33). 그에게는 14남 3녀가 있었는데 모두 성전의 찬양대다(대상 25:5-6).

[동명이인]
- 유다의 손자요 세라의 아들이다(대상 2:6).
- 마홀의 아들인데 솔로몬의 지혜와 겨룰 만 하였다(왕상 4:31).
- 사무엘의 손자로 성전에서 찬송하는 자(대상 6:33).

196. 호세아

[원어이름] Hosea

[이름의뜻] 구원(여호수아의 본명).

[인물평가] 회개를 호소한 사랑의 선지자.

[한자이름] 何西阿(하서아) hé xī ā

[특기사항] 브에리의 아들이며 북왕국 이스라엘의 예언자이다(호 1:1). 그는 기원전 8세기 이스라엘 왕 여로보암 2세가 통치하던 시대에 하나님의 소명을 받고 예언 활동을 시작했다(호 1:1). 호세아는 다른 예언자들보다 독특하게 하나님의 부르심을 받았는데, 음란한 여인 고멜과 결혼하라(호 1:2)는 말씀을 들음으로 사역을 시작했다. 그는 고멜과의 사이에서 이스르엘, 로루하마, 로암미를 낳았다(호 1:4, 6, 9). 호세아는 고멜과 결혼한 후, 그녀가 자신의 품을 떠나 다시 음행하였을 때 그녀를 다시 아내로 맞아들이도록 명령받았다(호 3:1-3). 이러한 부르심에 순종한 호세아는 개인적인 체험 속에서 하나님과 이스라엘 백성 간의 관계를 바로 깨닫게 되었고 이것을 예언의 핵심 주제 중의 하나로 선포하게 되었다(호 6:1-3). 그는 이스라엘 백성들에게 하나님을 아는 지식을 가지라(호 4:6), 하나님께로 돌아가자(호 6:1)고 외쳤다.

[동명이인] • 다윗 왕 때 에브라임 자손의 장관(대상 27:20).
• 잇사갈 지파 사람으로 12소선지 중의 한 사람.
• 이스라엘의 마지막 왕이요 엘라의 아들(왕하 18:9).

197. 훌

[원어이름] Hur

[이름의뜻] 고귀.

[인물평가] 모세를 도운 인물.

[한자이름] 戶珥(호이) hù ěr

[특기사항] 모세의 누이인 미리암의 남편. B.C. 1446년 출애굽한 이스라엘 백성이 광야에서 아말렉과 싸울 때 모세를 도움(출 17:10-12).

[동명이인] • 유다 지파 갈렙의 아들(대상 2:19-20).
• 성물을 만든 브살렐의 조부(출 31:2). "아스훌"과 동일인.
• 셈의 손자. 아람의 아들(창 10:23).

198. 히람

[원어이름] Hiram

[이름의뜻] 고상한 자의 형제.

[인물평가] 성전건축을 자원한 두로 왕.

[한자이름] 希蘭(희란) xī lán

[특기사항] 다윗과 솔로몬과 가장 친절한 교제를 하였다(삼하 5:11-12,왕상 9:14. 1:22). 다윗이 궁전을 지을 때와 솔로몬이 성전을 지을 때에 목재와 석재와 기술자를 제공하였으므로 솔로몬은 사례로 갈릴리 땅 20을 떼어주고 또 다시스에 선박을 만드는 일에도 많이 협찬하고 해외 통상도 같이 하였다(왕상 9:10, 11, 10:22).

[동명이인] • 두로왕이 성전 건축하기 위하여 솔로몬에게 보낸 금속과 장식의 직공(왕상 9:13,40,45).

199. 히스기야

[원어이름] Hezkiah

[이름의뜻] 하나님의 힘.

[인물평가] 신앙 부흥과 기도의 왕.

[한자이름] 希西家(희서가) xī xī jiā

[특기사항] 전심으로 여호와를 경외하고 백성을 잘 다스리는 유대 왕(B.C 726-698)이었기에 열왕 중에 이만한 왕이 없었다고 말한다(마 1:9, 왕하 18:1-8).

[동명이인] • 다윗의 자손으로 바베론에 잡혀간 자중에 느아

랴의 아들 히스기야가 있다(대상 3:23)

- 바사 왕 고레스 원년에 바벨론에서 유대로 돌아온 자 중에 아델자손의 히스기야가 있다(스 2:26).

200. 힐기야

[원어이름] Hilkiah

[이름의뜻] 여호와는 나의 재산.

[인물평가] 율법책을 발견한 대제사장.

[한자이름] 希勒家(희륵가) xī lè jiā

[특기사항] 살룸의 아들로 요시야 왕 시대의 대제사장이다(대상 6:13). 그는 성전을 수리하다가 율법책을 발견하고 서기관 사반을 통하여 그 율법책을 요시야왕에게 가져다 주었으며, 이 일로 인하여 요시야의 종교개혁이 시작되었다(왕하 22:4-14; 대하 34:9-22).

[동명이인]
- 히스기야 시대의 궁내 대신이었던 엘리야김의 아버지(왕하 18:18).
- 호사의 아들이며 다윗 시대의 레위인으로 므라리 계열에 속했던 자(대상 26:11).
- 에스라가 수문 앞 광장에서 율법책을 낭독할 때

에스라의 오른편에 선 사람 중 한 명(느 8:4).

- 스룹바벨과 함께 바벨론 포로에서 귀환한 제사장으로 힐기야 족속의 족장(느 12:7; 12:21).
- 선지자 예레미야의 아버지로 제사장이었으며 아나돗 출신(렘 1:1).
- 그마랴의 아버지로 시드기야 왕이 바벨론 느부갓네살 왕에게 보낸 사람(렘 29:3).

제3부

성경 속 동음이의어

우리가 일상생활에서 사용하는 어휘의 약 70%가 한자어이다. 더욱이 우리 말 성경도 5,309개의 한자어가 쓰이고 있는데, 그 중에서도 同音異義語(동음이의어)의 단어가 100개 이상이 쓰이고 있다. 그래서 동음이의어는 특히 한자를 알지 못하면 그 단어의 뜻을 알기가 무척 어렵게 되어있다.

예를 들어, 거부의 경우 "그 사람이 창대하고 왕성하여 마침내 **거부[巨富]**가 되어(창 26:13)"와 "만일 너와 화평하기를 **거부[拒否]**하고 너를 대적하여 싸우려 하거든 너는 그 성읍을 에워쌀 것이며(신 20:12)"의 '거부'가 우리말로는 음이 같으나[同音] 뜻은 다른[異義] 낱말[語]이 쓰이고 있다.

따라서 3부에서는 중요한 50개의 동음이의어를 선별하여 국어사전적 뜻풀이는 물론, 장단음까지 표기하면서 관련 성구를 제시하여 효과적으로 신앙생활에 활용할 수 있도록 편집하였다.

제3부 성경 속 동음이의어

1. 假裝과 家長

假裝 | **가;장**
어떤 태도나 상황 등을 거짓으로 꾸밈.

그런 사람들은 거짓 사도(使徒)요 속이는 일꾼이니 자기(自己)를 그리스도의 사도(使徒)로 **가장**하는 자(者)들이니라 [고린도후서 11:13]

家長 | **가장**
한집안의 생계를 책임지고 꾸려 가는 사람.

사마리아의 산(山)에 있는 바산의 암소들아 이 말을 들으라 너희는 힘 없는 자(者)를 학대(虐待)하며 가난한 자(者)를 압제(壓制)하며 **가장**에게 이르기를 술을 가져다가 우리로 마시게 하라 하는도다 [아모스 4:1]

2. 康健과 强健

康健 | **강건**
(웃어른이)기력이 좋고 몸이 건강하다.

사랑하는 자(者)여 네 영혼(靈魂)이 잘 됨같이 네가 범사(凡事)에 잘되고 **강건**하기를 내가 간구(懇求)하노라 [요한삼서 1:2]

強健

강건

사람이나 그 몸, 기골 따위가 굳세고 건강하다.

이르되 큰 은총(恩寵)을 받은 사람이여 두려워하지 말라 평안(平安)하라 **강건**하라 **강건**하라 그가 이같이 내게 말하매 내가 곧 힘이 나서 이르되 내 주(主)께서 나를 **강건**하게 하셨사오니 말씀하옵소서 [다니엘 10:19]

3. 巨富와 拒否

巨富

거;부

대단히 많은 재산. 또는 그러한 부자.

그 사람이 창대(昌大)하고 왕성(旺盛)하여 마침내 **거부**가 되어 [창세기 26:13]

拒否

거;부

남의 요청이나 제안 따위를 받아들이지 않고 물리침.

만일(萬一) 너와 화평(和平)하기를 **거부**하고 너를 대적(對敵)하여 싸우려 하거든 너는 그 성읍(城邑)을 에워쌀 것이며 [신명기 20:12]

4. 境界와 警戒

境界 | **경계**

어떤 지역과 다른 지역 사이에 일정한 기준으로 구별되는 한계.

주(主)께서 물의 **경계**를 정(定)하여 넘치지 못하게 하시며 다시 돌아와 땅을 덮지 못하게 하셨나이다 [시편 104:9]

警戒 | **경;계**

잘못이 없도록 미리 타일러서 주의하게 함.

너는 말씀을 전파(傳播)하라 때를 얻든지 못 얻든지 항상(恒常) 힘쓰라 범사(凡事)에 오래 참음과 가르침으로 경책(警責)하며 **경계**하며 권(勸)하라 [디모데후서 4:2]

5. 桂樹와 計數

桂樹 | **계;수**

계수나뭇과에 속한 상록 교목.

나도와 번홍화(番紅花)와 창포(菖蒲)와 **계수**와 각종(各種) 유향목(乳香木)과 몰약(沒藥)과 침향(沉香)과 모든 귀(貴)한 향품(香品)이요 [아가 4:14]

計數 | **계;수**

물건이나 사람의 수효 또는 어떤 동작이 반복되는 횟수를 측정함.

여호와께서 또 모세에게 이르시되 이스라엘 자손(子孫)의 처음 태어난 남자(男子)를 일(一) 개월(個月) 이상(以上)으로 다 **계수**하여 그 명수(名數)를 기록(記錄)하라 [민수기 3:40]

6. 古代와 苦待

古代 | **고;대**
먼 옛날.

당시(當時)에 땅에는 네피림이 있었고 그 후(後)에도 하나님의 아들들이 사람의 딸들에게로 들어와 자식(子息)을 낳았으니 그들은 용사(勇士)라 **고대**에 명성(名聲)이 있는 사람들이었더라 [창세기 6:4]

苦待 | **고대**
몹시 기다림.

암초(暗礁)에 걸릴까 하여 고물로 닻 넷을 내리고 날이 새기를 **고대**하니라 [사도행전 27:29]

7. 公衆과 空中

公衆 | **공중**
사회의 일반 사람들.

유익(有益)한 것은 무엇이든지 **공중** 앞에서나 각(各) 집에서나 거리낌이 없이 여러분에게 전(傳)하여 가르치고 [사도행전 20:20]

空中 | **공중**
하늘과 땅 사이의 빈 곳.

공중의 새를 보라 심지도 않고 거두지도 않고 창고(倉庫)에 모아들이지도 아니하되 너희 하늘 아버지께서 기르시나니 너희는 이것들보다 귀(貴)하지 아니하냐 [마태복음 6:26]

8. 公布와 恐怖

公布 | **공포**
일반에게 널리 알림.

이 날에 너희는 너희 중(中)에 성회(聖會)를 **공포**하고 어떤 노동(勞動)도 하지 말지니 이는 너희가 그 거주(居住)하는 각처(各處)에서 대대(代代)로 지킬 영원(永遠)한 규례(規例)니라 [레위기 23:21]

恐怖 | **공:포**
두렵고 무서움.

너는 공의(公義)로 설 것이며 학대(虐待)가 네게서 멀어질 것인즉 네가 두려워 하지 아니할 것이며 **공포**도 네게 가까이하지 못할 것이라 [이사야 54:14]

9. 果實과 過失

果實 | **과;실**

먹을 수 있는 열매.

무화과(無花果)나무를 지키는 자(者)는 그 **과실**을 먹고 자기(自己) 주인(主人)에게 시종(侍從)드는 자(者)는 영화(榮華)를 얻느니라 [잠언 27:18]

過失 | **과;실**

부주의로 인하여 생긴 잘못이나 허물.

인자(仁慈)를 천대(千代)까지 베풀며 악(惡)과 **과실**과 죄(罪)를 용서(容恕)하리라 그러나 벌(罰)을 면죄(免罪)하지는 아니하고 [출애굽기 34:7a]

10. 官吏와 管理

官吏 | **관리**

봉급을 받고 국가나 지방 자치 단체의 사무를 보는 사람.

그들은 또 목도꾼을 감독(監督)하며 모든 공사(工事) 담당자(擔當者)를 감독(監督)하고 어떤 레위 사람은 서기(書記)와 **관리**와 문지기가 되었더라 [역대하 34:13]

管理 | **관리**

사람을 통솔하고 지휘 감독함.

그 사람이 지혜자(智慧者)일지, 우매자(愚昧者)일지야 누가 알랴마는 내가 해 아래에서 내 지혜(智慧)를 다하여 수고한 모든 결과(結果)를 그가 다 **관리**하리니 이것도 헛되도다 [전도서 2:19]

11. 救助와 構造

救助

구;조

재난을 당하여 위기에 빠진 사람을 구해 줌.

주(主)께서 나를 내 원수(怨讐)들에게서 **구조**하시니 주(主)께서 나를 대적(對敵)하는 자(者)들의 위에 나를 높이 드시고 나를 포악(暴惡)한 자(者)에게서 건지시나이다 [시편 18:48]

構造

구조

각 부분이나 요소를 모아 어떤 전체를 만듦. 또는 그렇게 만들어진 전체의 뼈대.

아하스 왕(王)이 앗수르의 왕(王) 디글랏 빌레셀을 만나러 다메섹에 갔다가 거기 있는 제단(祭壇)을 보고 아하스 왕(王)이 그 제단(祭壇)의 모든 **구조**와 제도(制度)의 양식(樣式)을 그려 제사장(祭司長) 우리야에게 보냈더니 [열왕기하 16:10]

12. 隊商과 對象

隊商

대상

사막이나 초원 등지에서, 낙타나 말에 상품을 싣고 떼를 지어 먼 곳으로 다니면서 장사하는 상인. 또는 그 떼.

아라비아에 관한 경고라 드단 **대상**들이여 너희가 아라비아 수풀에서 유숙하리라 [이사야 21:13]

對象

대;상

어떤 일의 상대 또는 목표나 표적이 되는 것.

어찌하여 모압이 파괴되었으며 어찌하여 그들이 애곡하는가 모압이 부끄러워서 등을 돌렸도다 그런즉 모압이 그 사방 모든 사람의 조롱 거리와 공포의 **대상**이 되리로다 [예레미야 48:39]

13. 武士와 無事

武士

무;사

무예를 익혀 그 방면에 종사하는 사람.

그들이 용사(勇士) 같이 달리며 **무사** 같이 성(城)을 기어 오르며 각기(各其) 자기(自己)의 길로 나아가되 그 줄을 이탈(離脫)하지 아니하며 [요엘 2:7]

無事

무사

사고가 없어서 편안함.

만일(萬一) 네가 보행자(步行者)와 함께 달려도 피곤(疲困)하면 어찌 능(能)히 말과 경주(競走)하겠느냐 네가 평안(平安)한 땅에서는 **무사**하려니와 요단 강(江) 물이 넘칠 때에는 어찌하겠느냐 [예레미야 12:5]

14. 武勇과 無用

武勇

무;용

무예와 용맹을 아울러 이르는 말.

소년(少年) 중(中) 한 사람이 대답(對答)하여 이르되 내가 베들레헴 사람 이새의 아들을 본즉 수금(竪琴)을 탈 줄 알고 용기(勇氣)와 **무용**과 구변(口辯)이 있는 준수(俊秀)한 자(者)라 여호와께서 그와 함께 계시더이다 하더라 [사무엘상 16:18]

無用

무용

쓸모가 없음.

그는 왕(王)에게라도 **무용**지물(之物)이라 하시며 지도자(指導者)들에게라도 악(惡)하다 하시며 [욥기 34:18]

15. 報告와 寶庫

報告 | **보;고**

지시 또는 감독하는 자에게 주어진 일의 내용이나 결과 따위를 말이나 글로 알림.

내 나이 사십(四十) 세(歲)에 여호와의 종 모세가 가데스 바네아에서 나를 보내어 이 땅을 정탐(偵探)하게 하였으므로 내가 성실(誠實)한 마음으로 그에게 **보고**하였고 [여호수아 14:7]

寶庫 | **보;고**

귀중한 것이 많이 나거나 간직되어 있는 곳을 비유적으로 이르는 말.

여호와께서 너를 위(爲)하여 하늘의 아름다운 **보고**를 여시사 네 땅에 때를 따라 비를 내리시고 네 손으로 하는 모든 일에 복(福)을 주시리니 네가 많은 민족(民族)에게 꾸어줄지라도 너는 꾸지 아니할 것이요 [신명기 28:12]

16. 保釋과 寶石

保釋 | **보;석**

일정한 보증금을 받고, 미결 구류 중인 피고인을 석방함.

야손과 그 나머지 사람들에게 **보석**금(金)을 받고 놓아 주니라 [사도행전 17:9]

寶石 | **보;석**
아름다운 빛깔과 광택을 지니며 쉽게 변하지 않는 단단하고 희귀한 돌.

이 날에 그들의 하나님 여호와께서 그들을 자기(自己) 백성(百姓)의 양(羊) 떼 같이 구원(救援)하시리니 그들이 왕관(王冠)의 **보석** 같이 여호와의 땅에 빛나리로다 [스가랴 9:16]

17. 負袋와 部隊

負袋 | **부;대**
베나 가죽, 종이 따위로 만든 큰 자루.

꾀를 내어 사신(使臣)의 모양(貌樣)을 꾸미되 해어진 전대(纏帶)와 해어지고 찢어져서 기운 가죽 포도주(葡萄酒) **부대**를 나귀에 싣고 [여호수아 9:4]

部隊 | **부대**
일정한 규모로 편성된 군대 조직 단위의 하나.

하루는 사울의 아들 요나단이 자기(自己)의 무기(武器)를 든 소년(少年)에게 이르되 우리가 건너편 블레셋 사람들의 **부대**로 건너가자 하고 그의 아버지에게는 아뢰지 아니하였더라 [사무엘상 14:1]

18. 士氣와 史記와 詐欺

士氣

사;기

몸과 마음이 기운으로 충만하여 굽힐 줄 모르는 씩씩한 기세.

그 다음은 하랄 사람 아게의 아들 삼마라 블레셋 사람들이 **사기**가 올라 거기 녹두(綠豆)나무가 가득한 한쪽 밭에 모이매 백성(百姓)들은 블레셋 사람들 앞에서 도망(逃亡)하되 [사무엘하 23:11]

史記

사;기

역사적인 사실을 기록한 책.

또 그의 기도(祈禱)와 그의 기도(祈禱)를 들으신 것과 그의 모든 죄(罪)와 허물과 겸손(謙遜)하기 전(前)에 산당(山堂)을 세운 곳과 아세라 목상(木像)과 우상(偶像)을 세운 곳들이 다 호새의 **사기**에 기록되니라 [역대하 33:19]

詐欺

사기

못된 꾀로 남을 속임.

곧 모든 불의(不義), 추악(醜惡), 탐욕(貪慾), 악의(惡意)가 가득한 자(者)요 시기(猜忌), 살인(殺人), 분쟁(紛爭), **사기**, 악독(惡毒)이 가득한 자(者)요 수군수군하는 자(者)요 [로마서 1:29]

19. 士師와 私事

士師 | **사사**
구약 시대에 이스라엘의 백성을 다스리던 지배자.

여호와께서 **사사**들을 세우사 노략자(擄掠者)의 손에서 그들을 구원(救援)하게 하셨으나 [사사기 2:16]

私事 | **사사**
개인적인 일.

부자(富者) 되기에 애쓰지 말고 네 **사사**로운 지혜(智慧)를 버릴지어다 [잠언 23:4]

20. 私有와 赦宥

私有 | **사유**
개인이 사사로이 소유함. 또는 그런 소유물.

성전(聖殿)을 위(爲)하여 준비(準備)한 이 모든 것 외(外)에도 내 마음이 내 하나님의 성전(聖殿)을 사모(思慕)하므로 내가 **사유**한 금(金), 은(銀)으로 내 하나님의 성전(聖殿)을 위하여 드렸노니 [역대상 29:3]

赦宥 | **사;유**
죄를 용서하여 줌.

주(主)는 계신 곳 하늘에서 들으시며 **사유**하시되 각(各) 사람의 마음을 아시오니 그의 모든 행위(行爲)대로 갚으시옵소서 주(主)만 홀로 사람의 마음을 아심이니이다 [역대하 6:30]

21. 使者와 獅子

使者 | **사;자**
웃사람의 명령이나 부탁을 받고 심부름을 하는 사람.

여호와의 **사자**가 또 그에게 이르되 내가 네 씨를 크게 번성(繁盛)하여 그 수(數)가 많아 셀 수 없게 하리라 [창세기 16:10]

獅子 | **사자**
고양잇과에 속한 사나운 짐승.

다윗이 사울에게 말하되 주(主)의 종이 아버지의 양(羊)을 지킬 때에 **사자**나 곰이 와서 양(羊) 떼에서 새끼를 물어가면 [사무엘상 17:34]

22. 上古와 詳考

上古 | **상;고**
오랜 옛날.

네가 어찌하여 듣지 못하였느냐 이 일들은 내가 태초(太初)부터 행(行)한 바요 **상고**부터 정(定)한 바로서 이제 내가 미루어 네가 견고(堅固)한 성읍(城邑)들을 헐어 돌무더기가 되게

하였노라 [이사야 37:26]

詳考 상고
자세하게 따져서 참고하거나 검토함.

네가 있기 전(前) 하나님이 사람을 세상(世上)에 창조(創造)하신 날부터 지금(至今)까지 지나간 날을 **상고**하여 보라 하늘 이 끝에서 저 끝까지 이런 큰 일이 있었느냐 이런 일을 들은 적이 있었느냐 [신명기 4:32]

23. 上官과 相關

上官 상;관
자기보다 직책이 높은 사람.

간수(看守)가 그 말대로 바울에게 말하되 **상관**들이 사람을 보내어 너희를 놓으라 하였으니 이제는 나가서 평안(平安)히 가라 하거늘 [사도행전 16:36]

相關 상관
서로 관련을 가짐. 또는 그런 관계.

하나님은 허망(虛妄)한 사람을 아시나니 악(惡)한 일은 **상관**하지 않으시는 듯하나 다 보시느니라 [욥기 11:11]

24. 世界와 世系

世界 | **세;계**

지구 위의 모든 나라. 또는 인류 사회 전체.

네가 네 하나님 여호와의 말씀을 삼가 듣고 내가 오늘 네게 명령(命令)하는 그의 모든 명령(命令)을 지켜 행(行)하면 네 하나님 여호와께서 너를 **세계** 모든 민족(民族) 위에 뛰어나게 하실 것이라 [신명기 28:1]

世系 | **세;계**

조상으로부터 대대로 내려오는 계통.

아브라함과 다윗의 자손(子孫) 예수 그리스도의 **세계**라 [마태복음 1:1]-개역한글

25. 消滅과 燒滅

消滅 | **소멸**

사라져 없어짐.

나 여호와가 말하였거니와 모여 나를 거역(拒逆)하는 이 악(惡)한 온 회중(會衆)에게 내가 반드시 이같이 행(行)하리니 그들이 이 광야(曠野)에서 **소멸**되어 거기서 죽으리라 [민수기 14:35]

燒滅 | **소멸**

불타서 없어짐.

네 하나님 여호와는 **소멸**하는 불이시요 질투(嫉妬)하시는 하나님이시니라 [신명기 4:24]

26. 所生과 蘇生

所生 | **소;생**

자기가 낳은 아들이나 딸.

여호와께서 다윗에게 성실(誠實)히 맹세하셨으니 변(變)하지 아니하실지라 이르시기를 네 몸의 **소생**을 네 왕위(王位)에 둘지라 [시편 132:11]

蘇生 | **소생**

거의 죽어 가던 상태에서 다시 살아남.

내 영혼(靈魂)을 **소생**시키시고 자기(自己) 이름을 위(爲)하여 의(義)의 길로 인도(引導)하시는도다 [시편 23:3]

27. 掃除와 素祭

掃除 | **소;제**

먼지나 때 따위의 더러운 것을 말끔히 닦고 쓸어서 깨끗하게 함.

이에 가로되 내가 나온 내 집으로 돌아가리라 하고 와 보

니 그 집이 비고 **소제**되고 수리(修理) 되었거늘 [마태복음 12:44]-개역한글

素祭 **소;제**
고기붙이 없이 곡식을 제물로 하여 지내는 제사.

너는 첫 이삭의 **소제**를 여호와께 드리거든 첫 이삭을 볶아 찧은 것으로 네 소제를 삼되 [레위기 2:14]

28. 囚禁과 竪琴

囚禁 **수금**
죄인을 가두어 둠.

하나님은 고독(孤獨)한 자(者)로 가속(家屬) 중(中)에 처(處)하게 하시며 **수금**된 자(者)를 이끌어 내사 형통(亨通)케 하시느니라 오직 거역(拒逆)하는 자(者)의 거처(居處)는 메마른 땅이로다 [시편 68:6]-개역한글

竪琴 **수금**
발현 악기의 하나. 음넓이가 매우 넓고 음색이 부드럽다.

수금으로 여호와께 감사(感謝)하고 열 줄 비파(琵琶)로 찬송(讚頌)할지어다 [시편 33:2]

29. 修理와 受理

修理 | **수리**

건물이나 물건 따위의 고장나거나 허름한 데를 손보아 고침.

이에 이르되 내가 나온 내 집으로 돌아가리라 하고 와 보니 그 집이 비고 청소(淸掃)되고 **수리**되었거늘 [마태복음 12:44]

受理 | **수리**

서류나 문서 따위를 받아서 처리함.

네 고관(高官)들은 패역(悖逆)하여 도둑과 짝하며 다 뇌물(賂物)을 사랑하며 예물(禮物)을 구(求)하며 고아(孤兒)를 위(爲)하여 신원(伸寃)하지 아니하며 과부(寡婦)의 송사(訟事)를 **수리**하지 아니하는도다 [이사야 1:23]

30. 時期와 時機와 猜忌

時期 | **시기**

일정한 때.

형제(兄弟)들아 때와 **시기**에 관(關)하여는 너희에게 쓸 것이 없음은 [데살로니가전서 5:1]

時機 | **시기**

어떤 일을 하는 데에 적당한 때나 기회.

또한 너희가 이 **시기**를 알거니와 자다가 깰 때가 벌써 되었

으니 이는 이제 우리의 구원(救援)이 처음 믿을 때보다 가까웠음이라 [로마서 13:11]

猜忌

시기

샘을 내고 미워함.

분노(忿怒)가 미련한 자(者)를 죽이고 **시기**가 어리석은 자(者)를 멸(滅)하느니라 [욥기 5:2]

31. 侍臣과 屍身

侍臣

시;신

예전에, 임금을 곁에서 모시는 신하를 이르던 말.

왕(王)이 제사장(祭司長) 힐기야와 사반의 아들 아히감과 미가야의 아들 악볼과 서기관(書記官) 사반과 왕(王)의 **시신** 아사야에게 명(命)하여 가로되 [열왕기하 22:12]-개역한글

屍身

시;신

죽은 사람의 몸을 높여 이르는 말.

젊은 사람들이 일어나 **시신**을 싸서 메고 나가 장사(葬事)하니라 [사도행전 5:6]

32. 是認과 詩人

是認 시;인
어떤 사실을 옳다거나 그러하다고 인정함.

내가 또한 너희에게 말하노니 누구든지 사람 앞에서 나를 시인하면 인자(人子)도 하나님의 사자(使者)들 앞에서 그를 **시인**할 것이요 [누가복음 12:8]

詩人 시인
시를 짓는 사람.

우리가 그를 힘입어 살며 기동(起動)하며 존재(存在)하느니라 너희 **시인** 중(中) 어떤 사람들의 말과 같이 우리가 그의 소생(所生)이라 하니 [사도행전 17:28]

33. 以前과 移轉

以前 이;전
지금보다 앞선 시기.

이전 세대(世代)들이 기억(記憶)됨이 없으니 장래(將來) 세대(世代)도 그 후(後) 세대(世代)들과 함께 기억(記憶)됨이 없으리라 [전도서 1:11]

移轉 이전
장소나 주소 등을 있던 곳에서 다른 데로 옮김.

내가 그 땅 주민에게 내 손을 펼 것인즉 그들의 집과 밭과 아내가 타인의 소유로 **이전**되리라 여호와의 말씀이니라 [예레미야 6:12]

34. 印度와 引導

印度 | **인도**
인도 반도의 대부분을 차지하는 공화국

이 일은 아하수에로 왕(王) 때에 있었던 일이니 아하수에로는 **인도**로부터 구스까지 백이십칠(百二十七) 지방(地方)을 다스리는 왕(王)이라 [에스더 1:1]

引導 | **인도**
목적하는 곳으로 안내하거나 이끌어 줌.

너희의 하나님이 되려고 너희를 애굽 땅에서 **인도**하여 낸 자(者)니 나는 여호와이니라 [레위기 22:33]

35. 人子와 仁慈

人子 | **인자**
사람의 아들이라는 뜻으로, 예수가 스스로를 일컬은 말.

인자가 온 것은 섬김을 받으려 함이 아니라 도리어 섬기려 하고 자기(自己) 목숨을 많은 사람의 대속물(代贖物)로 주려

함이니라 [마가복음 10:45]

仁慈 | **인자**
사람이나 그 마음이 어질고 자애롭다.

우리에게 향(向)하신 여호와의 **인자**하심이 크시고 여호와의 진실(眞實)하심이 영원(永遠)함이로다 할렐루야 [시편 117:2]

36. 壯士와 葬事

壯士 | **장;사**
기개와 힘이 아주 센 사람.

그의 형제(兄弟) 잇사갈의 모든 종족(宗族)은 다 용감(勇敢)한 **장사**라 그 전체(全體)를 계수(計數)하면 팔만(八萬) 칠천(七千) 명(名)이었더라 [역대상 7:5]

葬事 | **장;사**
죽은 사람을 땅에 묻거나 화장함.

제자(弟子) 중(中)에 또 한 사람이 이르되 주(主)여 내가 먼저 가서 내 아버지를 **장사**하게 허락(許諾)하옵소서 [마태복음 8:21]

37. 定數와 精水

定數 | **정;수**
일정하게 정해진 수효.

기록(記錄)된 규례(規例)대로 초막절(草幕節)을 지켜 번제(燔祭)를 매일(每日) **정수**대로 날마다 드리고 [에스라 3:4]

精水 | **정수**

수컷의 성기에서 만들어지는 정자가 들어 있는 액.

정수가 묻은 모든 옷과 가죽은 물에 빨 것이며 저녁까지 부정(不淨)하리라 [레위기 15:17]

38. 嘲弄과 鳥籠

嘲弄 | **조롱**

남을 비웃거나 얕보고 놀림.

교만한 자들이 나를 심히 **조롱**하였어도 나는 주의 법을 떠나지 아니하였나이다 [시편 119:51]

鳥籠 | **조롱**

새를 가두고 기르는 장.

조롱에 새들이 가득함 같이 너희 집들에 속임이 가득하도다 그러므로 너희가 창대(昌大)하고 거부(巨富)가 되어 [예레미야 5:27]-개역한글

39. 從者와 種子

從者 | **종자**
남에게 딸려 따라다니는 사람.

그 때에 내가 또 백성(百姓)에게 말하기를 사람마다 그 **종자**와 함께 예루살렘 안에서 잘지니 밤에는 우리를 위하여 파수(把守)하겠고 낮에는 일하리라 하고 [느헤미야 4:22]

種子 | **종자**
성숙된 식물의 씨앗.

네 포도원(葡萄園)에 두 **종자**를 섞어 뿌리지 말라 그리하면 네가 뿌린 씨의 열매와 포도원(葡萄園)의 소산(所産)을 다 빼앗길까 하노라 [신명기 22:9]

40. 朱錫과 註釋

朱錫 | **주석**
연성과 전성이 좋으며, 공기 속에서 잘 변하지 않아 도금 및 식료품 공업 장치에 쓰이는 은백색의 고체 금속.

인자(人子)야 이스라엘 족속(族屬)이 내게 찌꺼기가 되었나니 곧 풀무 불 가운데에 있는 놋이나 **주석**이나 쇠나 납이며 은의 찌꺼기로다 [에스겔 22:18]

註釋 | **주;석**

낱말이나 문장의 뜻을 쉽게 풀이함. 또는 그 글.

아비야의 남은 사적(事蹟)과 그의 행위(行爲)와 그의 말은 선지자(先知者) 잇도의 **주석** 책(冊)에 기록(記錄)되니라 [역대하 13:22]

41. 衆生과 重生

衆生 | **중;생**

많은 사람.

중생의 눈이 주(主)를 앙망(仰望)하오니 주(主)는 때를 따라 저희에게 식물(食物)을 주시며 [시편 145:15]-개역한글

重生 | **중;생**

영적으로 새사람이 됨.

우리를 구원(救援)하시되 우리가 행(行)한 바 의(義)로운 행위(行爲)로 말미암지 아니하고 오직 그의 긍휼(矜恤)하심을 따라 **중생**의 씻음과 성령(聖靈)의 새롭게 하심으로 하셨나니 [디도서 3:5]

42. 地方과 脂肪

地方 | **지방**
어느 한 방면의 땅.

또 주(主)의 백성(百姓) 이스라엘에 속(屬)하지 아니한 자(者) 곧 주(主)의 이름을 위(爲)하여 먼 **지방**에서 온 이방인(異邦人)이라도 [열왕기상 8:41]

脂肪 | **지방**
지방산과 글리세롤이 결합한 유기 화합물.

저희 마음은 살쪄 **지방** 같으나 나는 주(主)의 법(法)을 즐거워하나이다 [시편 119:70]-개역한글

43. 肢體와 遲滯

肢體 | **지체**
팔다리와 몸을 통틀어 이르는 말.

너희 육신(肉身)이 연약(軟弱)하므로 내가 사람의 예(例)대로 말하노니 전(前)에 너희가 너희 **지체**를 부정(不淨)과 불법(不法)에 내주어 불법(不法)에 이른 것 같이 이제는 너희 지체를 의(義)에게 종으로 내주어 거룩함에 이르라 [로마서 6:19]

遲滯 | **지체**
일의 진행이나 시간 따위를 질질 끌거나 늦춤.

나는 가난하고 궁핍(窮乏)하오나 주(主)께서는 나를 생각하시오니 주(主)는 나의 도움이시요 나를 건지시는 이시라 나의 하나님이여 **지체**하지 마소서 [시편 40:17]

44. 眞情과 眞正과 鎭靜

眞情 | **진정**

왜곡되지 않은 참되고 애틋한 마음.

그러나 아히감의 아들 그다랴가 가레아의 아들 요하난에게 이르되 네가 이 일을 행(行)하지 말 것이니라 네가 이스마엘에 대(對)하여 한 말은 **진정**이 아니니라 하니라 [예레미야 40:16]

眞正 | **진정**

참으로 틀림없이.

또 시내 산(山)에 강림(降臨)하시고 하늘에서부터 그들과 말씀하사 정직(正直)한 규례(規例)와 **진정**한 율법(律法)과 선(善)한 율례(律例)와 계명(誡命)을 그들에게 주시고 [느헤미야 9:13]

鎭靜 | **진;정**

몹시 소란하던 일을 가라앉힘.

바다의 설렘과 물결의 흔들림과 만민(萬民)의 소요(騷擾)까지 **진정**하시나이다 [시편 65:7]

45. 千代와 賤待

千代 | **천대**
'많은 대'의 뜻으로, 영원을 이르는 말.

인자(仁慈)를 **천대**까지 베풀며 악(惡)과 과실(過失)과 죄(罪)를 용서(容恕)하리라 그러나 벌(罰)을 면제(免除)하지는 아니하고 아버지의 악행(惡行)을 자손(子孫) 삼사(三四) 대(代)까지 보응(報應)하리라 [출애굽기 34:7]

賤待 | **천;대**
업신여겨 천하게 대우하거나 대함.

그들은 잠깐 동안 높아졌다가 **천대**를 받을 것이며 잘려 모아진 곡식 이삭처럼 되리라 [욥기 24:24]

46. 標的과 表蹟

標的 | **표적**
목표로 삼는 대상.

주(主)의 대적(對敵)이 주(主)의 회중(會衆) 가운데에서 떠들며 자기들의 깃발을 세워 **표적**으로 삼았으니 [시편 74:4]

表蹟 | **표적**
겉으로 나타난 흔적.

아침에 하늘이 붉고 흐리면 오늘은 날이 궂겠다 하나니 너희가 날씨는 분별(分別)할 줄 알면서 시대(時代)의 **표적**은 분별(分別)할 수 없느냐 [마태복음 16:3]

47. 豊盛과 風聲

豊盛 | **풍성**
(무엇이)넉넉하고 많음.

하나님은 하늘의 이슬과 땅의 기름짐이며 **풍성**한 곡식(穀食)과 포도주(葡萄酒)를 네게 주시기를 원(願)하노라 [창세기 27:28]

風聲 | **풍성**
바람의 소리. 들리는 명성.

저희가 내 **풍성**을 들은 즉시(卽時)로 내게 순복(順服)함이여 이방인(異邦人)들이 내게 복종(服從)하리로다 [시편 18:44]-개역한글

48. 和睦과 火木

和睦 | **화목**
서로 뜻이 맞고 정다움.

너는 하나님과 **화목**하고 평안(平安)하라 그리하면 복(福)이 네게 임(臨)하리라 [욥기 22:21]

火木 | **화;목**
불 때는 데 쓰는 나무.

오르난이 다윗에게 말하되 왕(王)은 취(取)하소서 내 주(主) 왕(王)께서 좋게 여기시는 대로 행(行)하소서 보소서 내가 이것들을 드리나이다 소들은 번제물(燔祭物)로, 곡식(穀食) 떠는 기계(機械)는 **화목**으로, 밀은 소제물(素祭物)로 삼으시기 위(爲)하여 다 드리나이다 하는지라 [역대상 21:23]

49. 火傷과 畵像

火傷 | **화;상**
고온의 기체, 액체, 고체, 화염 따위에 피부를 뎀.

만일(萬一) 색점(色點)이 여전(如前)하여 피부(皮膚)에 퍼지지 아니하고 빛이 엷으면 **화상**으로 부은 것이니 제사장(祭司長)이 그를 정(淨)하다 할 것은 이는 화상의 흔적(痕迹)임이니라 [레위기 13:28]

畵像 | **화;상**
사람의 얼굴을 그림으로 그린 형상.

가져왔거늘 예수께서 가라사대 이 **화상**과 이 글이 뉘 것이냐 가로되 가이사의 것이니이다 [마가복음 12:16]

50. 厚待와 後代와 後隊

厚待

후;대

정성들여 아주 잘 대접함.

그런즉 너는 나와 내 아들과 내 손자(孫子)에게 거짓되이 행(行)하지 아니하기를 이제 여기서 하나님을 가리켜 내게 맹세하라 내가 네게 **후대**한 대로 너도 나와 네가 머무는 이 땅에서 행(行)할 것이니라 [창세기 21:23]

後代

후;대

앞으로 올 세대.

하나님이여 내가 늙어 백발(白髮)이 될 때에도 나를 버리지 마시며 내가 주(主)의 힘을 **후대**에 전(傳)하고 주(主)의 능력(能力)을 장래(將來)의 모든 사람에게 전(傳)하기까지 나를 버리지 마소서 [시편 71:18]

後隊

후;대

뒤쪽에 있는 대오.

단의 진영(陣營)에 속(屬)하여 계수(計數)함을 받은 군인(軍人)의 총계(總計)는 십오만(十五萬) 칠천육백명(七千六百名)이라 그들은 기(旗)를 따라 **후대**로 행진(行進)할지니라 하시니라 [민수기 2:31]

제4부

부록

- 구약성경 책명 한자서명 및 약자표
- 신약성경 책명 한자서명 및 약자표
- 성경 인명 알파벳 색인
- 성경 인명 속 한자 훈음 색인
- 성경 중국식 인명 한어병음 색인
- 참고문헌

제4부 성경 66권의 책명과 유래

1 | 구약성경 책명 한자서명 및 약명표

약명	한글성경 서명	한문성경[3] 서명	약명	중국어 성경[4] 서명
창	창세기	創世記	创	创世记
출	출애굽기	出埃及記	出	出埃及记
레	레위기	利未記	利	利未记
민	민수기	民數紀畧	民	民数记
신	신명기	申命記	申	申命记
수	여호수아	約書亞記	书	约书亚记
삿	사사기	士師記	士	士师记
룻	룻기	路得記	得	路得记
삼상	사무엘 상	撒母耳記上	撒上	撒母耳记上
삼하	사무엘 하	撒母耳記下	撒下	撒母耳记下
왕상	열왕기 상	列王紀畧上	王上	列王纪上
왕하	열왕기 하	列王紀畧下	王下	列王纪下
대상	역대 상	歷代志畧上	代上	歷代志上
대하	역대 하	歷代志畧下	代下	歷代志下
스	에스라	以士喇紀	拉	以斯拉记
느	느헤미야	尼希米紀	尼	尼希米记
에	에스더	以士帖紀	斯	以斯帖记
욥	욥기	約伯紀	伯	约伯记
시	시편	詩篇	诗	诗篇

잠	잠언	箴言	箴	箴言
전	전도서	傳道書	传	传道书
아	아가서	雅歌書	歌	雅歌
사	이사야	以賽亞書	赛	以赛亚书
렘	예레미야	耶利米書	耶	耶利米书
애	예레미야애가	耶利米哀歌	哀	耶利米哀歌
겔	에스겔	以西結書	结	以西结书
단	다니엘	但以理書	但	但以理书
호	호세아	何西書	何	何西阿书
욜	요엘	約耳書	珥	约珥书
암	아모스	亞摩士書	摩	阿摩司书
옵	오바댜	阿巴底書	俄	俄巴底亚书
욘	요나	約拿書	拿	约拿书
미	미가	米迦書	弥	弥迦书
나	나훔	拿翁書	鸿	那鸿书
합	하박국	哈巴谷書	哈	哈巴谷书
습	스바냐	西番雅書	番	西番雅书
학	학개	哈基書	哈	哈该书
슥	스가랴	撒加利亞書	亚	撒迦利亚书
말	말라기	馬拉基書	玛	玛拉基书

3. 文理 新舊約聖書(聖書公會印發 1933 中國 上海) 본 참조하여 작성함.

4. 圣经中英对照(中国基督教两会出版部发行组 2009 中国 上海) 본 참조하여 작성함.

2 | 신약성경 책명 한자서명 및 약명표

약명	한글성경 서명	한문성경 서명	약명	중국어 성경 서명
마	마태복음	馬太福音傳	太	马太福音
막	마가복음	馬可福音傳	可	马可福音
눅	누가복음	路加福音傳	路	路加福音
요	요한복음	約翰福音傳	约	约翰福音
행	사도행전	使徒行傳	徒	使徒行传
롬	로마서	使徒保羅達羅馬人書	罗	罗马书
고전	고린도전서	使徒保羅達哥林多人前書	林前	哥林多前书
고후	고린도후서	使徒保羅達哥林多人後書	林后	哥林多后书
갈	갈라디아서	使徒保羅達加拉太人書	加	加拉太书
엡	에베소서	使徒保羅達以弗所人書	弗	以弗所书
빌	빌립보서	使徒保羅達腓立比人書	腓	腓立比书
골	골로새서	使徒保羅達哥羅西人書	西	哥罗西书
살전	데살로니가전서	使徒保羅達帖撒羅尼迦人前書	帖前	帖撒罗尼迦前书
살후	데살로니가후서	使徒保羅達帖撒羅尼迦人後書	帖后	帖撒罗尼迦后书
딤전	디모데전서	使徒保羅達提摩太前書	提前	提摩太前书
딤후	디모데후서	使徒保羅達提摩太後書	提后	提摩太后书
딛	디도서	使徒保羅達提多書	多	提多书
몬	빌레몬서	使徒保羅達腓利門書	门	腓利门书
히	히브리서	使徒保羅達希伯來人書	来	希伯来书
약	야고보서	使徒雅各書	雅	雅各书
벧전	베드로전서	使徒彼得前書	彼前	彼得前书
벧후	베드로後書	使徒彼得後書	彼后	彼得后书
요일	요한1서	使徒約翰一書	约壹	约翰一书
요이	요한2서	使徒約翰二書	约贰	约翰二书
요삼	요한3서	使徒約翰三書	约参	约翰叁书

유	유다서	使徒猶大書	犹	犹大书
계	요한계시록	傳道約翰默示錄	启	启示录

1. 중국어 성경은 간체자로 기록되어 있어서 현재 우리나라에서 사용하는 한자(번체자)와 다른 점이 특징이다.
2. 한문성경과 중국어 성경은 대부분 가차법[5]으로 음을 차용하여 표기함.

5. 假借法(가차법) : 육서의 한 가지로 한자를 운용하는 방법이다. 새로운 말이 생겼을 때, 글자의 뜻과는 상관없이 이미 사용되고 있는 글자 중에서 비슷한 소리에 해당하는 글자를 빌어다 쓰는 경우이다. 특히 外來語(외래어)에 많이 쓰인다.
예) 耶和華(야화화-여호와 / Jehovah/ Yahweh)

3 | 성경 인명 알파벳 색인

A

Aaron(아론) - 190
Abel(아벨) - 191
Abigail(아비가일) - 194
Abishai(아비새) - 196
Abraham(아브라함) - 194
Achan(아간) - 185
Adonijah(아도니야) - 189
Ahaz(아하스) - 198
Ahithophel(아히도벨) - 199
Ananias(아나니아) - 187
Anna(안나) - 201
Aquila(아굴라) - 186
Aser(아셀) - 198
Abednego(아벳느고) - 192
Abiathar(아비아달) - 197
Abimelech(아비멜렉) - 195
Abner(아브넬) - 193
Absalom(압살롬) - 203
Adam(아담) - 188
Ahab(아합) - 199
Ahijah(아히야) - 200
Amos(아모스) - 191
Andrew(안드레) - 202
Apollos(아볼로) - 193
Asa(아사) - 198
Athaliah(아달랴) - 187

B

Balaam(발람) - 158
Barnabas(바나바) - 154
Barzillai(바르실래) - 156
Benaiah(브나야) - 163
Boaz(보아스) - 162
Barabbas(바라바) - 155
Bartimaeus(바디매오) - 154
Bathsheba(밧세바) - 158
Benjamin(베냐민) - 159

C

Cain(가인) - 100
Canaan(가나안) - 98
Caleb(갈렙) - 101
Cornelilus(고넬료) - 103

D

Dan(단) - 124
David(다윗) - 123
Delilah(들릴라) - 129
Demetrius(데메드리오) - 125
Dorcas(도르가) - 125
Daniel(다니엘) - 120
Deborah(드보라) - 128
Demas(데마) - 124
Dinah(디나) - 130
Drusilla(드루실라) - 128

E

Ehud(에훗) - 210
Eleazar(엘르아살) - 211
Eli(엘리) - 213
Elijah(엘리야) - 215
Elimelech(엘리멜렉) - 213
Elisha(엘리사) - 214
Elizabeth(엘리사벳) - 214
Elkanah(엘가나) - 211
Emmanuel(임마누엘) - 244
Enoch(에녹) - 206
Ephraim(에브라임) - 207
Esau(에서) - 207
Esther(에스더) - 208
Eunice(유니게) - 237
Eutychus(유두고) - 238
Eve(하와) - 246
Ezekiel(에스겔) - 208
Ezra(에스라) - 209

F

Gamaliel(가말리엘) - 100
Gad(갓) - 102
Gideon(기드온) - 107
Goliath(골리앗) - 106
Gomer(고멜) - 105

H

Habakkuk(하박국) - 246
Hadassah(하닷사) - 208
Hagar(하갈) - 244
Haggai(학개) - 249
Ham(함) - 249
Haman(하만) - 245
Hannah(한나) - 248
Herod(헤롯) - 250
Herodias(헤로디아) - 249
Hermon(헤만) - 251
Hezkiah(히스기야) - 254
Hilkiah(힐기야) - 255
Hiram(히람) - 253
Hosea(호세아) - 251
Hur(훌) - 252

I

Isaac(이삭) - 240
Isaiah(이사야) - 239
Ishbosheth(이스보셋) - 243
Ishmael(이스마엘) - 242

J

Jacob(야곱) - 205
James(야고보) - 204
Japheth(야벳) - 206
Jehoram(여호람) - 216
Jehoshaphat(여호사밧) - 217
Jehu(예후) - 219
Jeremiah(예레미야) - 219
Jeroboam(여로보암) - 216
Jesse(이새) - 241
Jezebel(이세벨) - 242

Joab(요압) - 232
Joanna(요안나) - 232
Joash(요아스) - 231
Jochebed(요게벳) - 226
Joel(요엘) - 233
John(요한) - 234
Joktan(욕단) - 235
Jonah(Jonas)(요나) - 227
Jonathan(요나단) - 228
Jop(욥) - 235
Joseph(요셉) - 230
Joshua(여호수아) - 218
Josiah(요시아) - 231
Judah(유다) - 237
Judas Iscariot(가룟유다) - 99
Julius(율리오) - 239

K

Korah(고라) - 104

L

Laban(라반) - 133
Lamech(라멕) - 132
Leah(레아) - 136
Levi(레위) - 137
Lois(로이스) - 138
Lot(롯) - 139
Ludya(루디아) - 139
Luke(누가) - 116

M

Malachi(말라기) - 146
Manasseh(므낫세) - 150
Mark(마가) - 143
Martha(마르다) - 144
Mary(마리아) - 144
Matthew(마태) - 146
Melchizedek(멜기세댁) - 147
Meshach(메삭) - 147
Micah(미가) - 151
Michal(미갈) - 151
Miriam(미리암) - 152
Mordecai(모르드게) - 148
Moses(모세) - 149

N

Naaman(나아만) - 113
Nabal(나발) - 111
Naboth(나봇) - 111
Nadab(나답) - 109
Nahum(나훔) - 114
Naptali(납달리) - 115
Nathan(나단) - 108
Nathanael(나다나엘) - 108
Nazarus(나사로) - 112
Nebuchadnezzar(느부갓네살) - 117
Nehemiah(느헤미야) - 118
Nicodemus(니고데모) - 119
Nimrod(니므롯) - 119
Noah(노아) - 115

O

Obadiah(오바댜) - 223
Omri(오므리) - 222
Onesimus(오네시모) - 220
Orpah(오르바) - 221
Othniel(옷니엘) - 224

P

Paul(바울) - 156
Peter Simon(베드로) - 160
Philemon(빌레몬) - 167
Philip(빌립) - 168
Phinehas(비느하스) - 165
Phoebe(뵈뵈) - 163
Pontius Pilate(빌라도) - 166
Potiphar(보디발) - 161
Priscilla(브리스길라) - 164

R

Rachel(라헬) - 135
Rahab(라합) - 134
Rebekah(리브가) - 142
Rehoboam(르호보암) - 141
Reuben(르우벤) - 140
Rhoda(로데) - 138
Ruth(룻) - 140

S

Salome(살로메) - 174
Samson(삼손) - 175
Samuel(사무엘) - 172
Sapphira(삽비라) - 176 / 187
Sarah/Sarai(사라/사래) - 171
Saul(사울) - 173
Seth(셋) - 176
Shadrach(사드락) - 171
Shimei(시므이) - 184
Shimeon(시므온) - 183
Silas(실라) - 185
Solomon(솔로몬) - 177
Stephen(스데반) - 180

T

Tamar(다말) - 122
Thomas(도마) - 126
Timothy(디모데) - 131
Titus(디도) - 131
Tubal cain(두발가인) - 127

U

Urias(우리아) - 235
Uzzah(웃시야) - 236

V
Vashti(와스디) - 225

Z
Zacchaeus(삭개오) - 174
Zadok(사독) - 169
Zebulun(스불론) - 182
Zechariah(스가랴) - 178
Zephaniah(스바냐) - 178
Zerubbabel(스룹바벨) - 181

4 | 성경 한자 인명 훈음 색인

㉠
迦南(막을 가 • 남녘 남) - 98
哥尼流(형 가 • 중 니 • 흐를 류) - 103
迦得(막을 가 • 얻을 득) - 102
可拉(옳을 가 • 꺾을 랍) - 104
加略人猶大(더할 가 • 다스릴 략 • 사람 인 • 오히려 유 • 큰 대) - 99
迦勒(막을 가 • 굴레 륵) - 101
歌利亞(노래 가 • 이로울 리 • 버금 아) - 106
迦瑪列(막을 가 • 마노 마 • 줄 렬) - 100
歌篾(노래 가 • 대 껍질 멸) - 105
基甸(터 기 • 경기 전) - 107

㉡
拿單(붙잡을 나 • 홑 단) - 108
拿但業(붙잡을 나 • 다만 단 • 일 업) - 108
拿答(붙잡을 나 • 대답 답) - 109
拿伯(붙잡을 나 • 맏 백) - 110
拿弗他利(붙잡을 나 • 아닐 불 • 다를 타 • 이로울 리) - 115
挪亞(옮길 나 • 버금 아) - 115
拿八(붙잡을 나 • 여덟 팔) - 110
那鴻(어찌 나 • 큰 기러기 홍) - 114
乃縵(이에 내 • 무늬 없는 비단 만) - 113
尼哥底母(중 니 • 형 가 • 밑 저 • 어머니 모) - 119

尼寧錄(중 니 • 편안할 녕 • 적을 록) - 119
尼布甲尼撒(중 니 • 베 포 • 첫째 천간 갑 • 중 니 • 뿌릴 살) - 117
尼希米(중 니 • 바랄 희 • 쌀 미) - 118

ⓒ
多加(많을 다 • 더할 가) - 125
多馬(많을 다 • 말 마) - 126
但(다만 단) - 124
但以理(다만 단 • 써 이 • 다스릴 리) - 120
大利拉(큰 대 • 이로울 리 • 꺾을 랍) - 129
大衛(큰 대 • 지킬 위) - 123

ⓔ
羅大(비단 라 • 큰 대) - 138
羅得(비단 라 • 얻을 득) - 139
羅以(비단 라 • 써 이) - 138
羅波安(비단 라 • 물결 파 • 편안할 안) - 141
喇合(나팔 라 • 모을 합) - 134
拉結(꺾을 랍 • 맺을 결) - 135
拉麥(꺾을 랍 • 보리 맥) - 132
拉班(꺾을 랍 • 나눌 반) - 133
拉撒路(꺾을 랍 • 뿌릴 살 • 길 로) - 110
呂底亞(음률 려 • 밑 저 • 버금 아) - 139
路加(길 로 • 더할 가) - 116
路得(길 로 • 얻을 득) - 140
流便(흐를 류 • 편할 편) - 140
利未(이로울 리 • 아닐 미) - 137
利百加(이로울 리 • 일백 백 • 더할 가) - 142
利亞(이로울 리 • 버금 아) - 136

ⓜ
馬可(말 마 • 옳을 가) - 143
瑪拿西(마노 마 • 붙잡을 나 • 서녘 서) - 150
馬大(말 마 • 큰 대) - 144
瑪拉基(마노 마 • 꺾을 랍 • 터 기) - 146
馬利亞(말 마 • 이로울 리 • 버금 아) - 144

摩西(문지를 마 • 서녘 서) - 149
馬太(말 마 • 클 태) - 146
末底改(끝 말 • 밑 저 • 고칠 개) - 148
麥基洗德(보리 맥 • 터 기 • 씻을 세 • 큰 덕) - 147
米迦(쌀 미 • 막을 가) - 151
米甲(쌀 미 • 껍질 갑) - 151
米利暗(쌀 미 • 이로울 리 • 어두울 암) - 152
米煞(쌀 미 • 죽일 살) - 147

ⓑ
拔示巴(뺄 발 • 보일 시 • 땅이름 파) - 158
百基拉(일백 백 • 터 기 • 꺾을 랍) - 164
便雅憫(오줌 변 • 바를 아 • 불쌍히 여길 민) - 159
保羅(지킬 보 • 비단 라) - 157
比拿雅(견줄 비 • 붙잡을 나 • 바를 아) - 163
非尼哈所得(아닐 비 • 중 니 • 물고기 많은 모양 합 • 곳 소 • 얻을 득) - 165
腓力(장딴지 비 • 힘 력) - 168
腓利門(장딴지 비 • 이로울 리 • 문 문) - 167
非比(아닐 비 • 견줄 비) - 163

ⓢ
沙得拉(모래 사 • 얻을 득 • 꺾을 랍) - 171
司提反(맡을 사 • 끌 제 • 되돌릴 반) - 180
撒迦利亞(뿌릴 살 • 막을 가 • 이로울 리 • 버금 아) - 178
撒督(뿌릴 살 • 살펴볼 독) - 169
撒羅米(뿌릴 살 • 비단 라 • 쌀 미) - 174
撒拉(뿌릴 살 • 꺾을 랍) - 171
撒萊(뿌릴 살 • 명아주 래) - 171
撒母耳(뿌릴 살 • 어머니 모 • 귀 이) - 172
撒非喇(뿌릴 살 • 아닐 비 • 나팔 라) - 176 / 187
撒該(뿌릴 살 • 그 해) - 174
西拉(서녘 서 • 꺾을 랍) - 185
西緬(서녘 서 • 가는 실 면) - 183
西番雅(서녘 서 • 차례 번 • 바를 아) - 182
西布倫(서녘 서 • 베 포 • 인륜 륜) - 182
參孫(석 삼 • 손자 손) - 175

塞特(변방 새 • 수컷 특) - 176
掃羅(쓸 소 • 비단 라) - 173
所羅門(곳 소 • 비단 라 • 문 문) - 177
所羅巴伯(곳 소 • 비단 라 • 땅이름 파 • 맏 백) - 181
示每(보일 시 • 매양 매) - 184

◎
雅各(바를 아 • 각각 각) - 204 / 205
亞干(버금 아 • 방패 간) - 185
亞居拉(버금 아 • 살 거 • 꺾을 랍) - 186
亞拿(버금 아 • 붙잡을 나) - 201
亞拿尼亞(버금 아 • 붙잡을 나 • 중 니 • 버금 아) - 187
阿尼西母(언덕 아 • 중 니 • 서녘 서 • 어머니 모) - 220
亞多尼雅(버금 아 • 많을 다 • 중 니 • 바를 아) - 189
亞當(버금 아 • 마땅할 당) - 188
亞倫(버금 아 • 인륜 륜) - 190
阿摩司(언덕 아 • 문지를 마 • 맡을 사) - 191
亞伯(버금 아 • 맏 백) - 191
亞伯尼歌(버금 아 • 맏 백 • 중 니 • 노래 가) - 192
亞伯拉罕(버금 아 • 맏 백 • 꺾을 랍 • 드물 한) - 194
雅弗(바를 아 • 아닐 불) - 206
亞比米勒(버금 아 • 견줄 비 • 쌀 미 • 굴레 륵) - 195
亞比篩(버금 아 • 견줄 비 • 체 사) - 196
亞比亞他(버금 아 • 견줄 비 • 버금 아 • 다를 타) - 197
亞比該(버금 아 • 견줄 비 • 그 해) - 194
我些(나 아 • 적을 사) - 198
亞撒(버금 아 • 뿌릴 살) - 198
俄珥巴(갑자기 아 • 귀고리 이 • 땅이름 파) - 221
亞他利雅(버금 아 • 다를 타 • 이로울 리 • 바를 아) - 188
俄陀聶(갑자기 아 • 비탈질 타 • 소근거릴 섭) - 224
亞波羅(버금 아 • 물결 파 • 비단 라) - 193
俄巴底亞(갑자기 아 • 땅이름 파 • 밑 저 • 버금 아) - 223
亞哈(버금 아 • 물고기 많은 모양 합) - 199
亞哈斯(버금 아 • 물고기 많은 모양 합 • 이 사) - 198
亞希多弗(버금 아 • 바랄 희 • 많을 다 • 아닐 불) - 199
亞希雅(버금 아 • 바랄 희 • 바를 아) - 200

安得烈(편안할 안 • 얻을 득 • 매울 렬) - 202
暗利(어두울 암 • 이로울 리) - 222
押尼珥(누를 압 • 중 니 • 귀고리 이) - 193
押沙龍(누를 압 • 모래 사 • 용 룡) - 203
耶羅波安(어조사 야 • 비단 라 • 물결 파 • 편안할 안) - 216
耶利米(어조사 야 • 이로울 리 • 쌀 미) - 219
耶西(어조사 야 • 서녘 서) - 241
耶洗別(어조사 야 • 씻을 세 • 다를 별) - 242
耶戶(어조사 야 • 집 호) - 219
約基別(맺을 약 • 터 기 • 다를 별) - 226
約拿(맺을 약 • 붙잡을 나) - 227
約拿單(맺을 약 • 붙잡을 나 • 홑 단) - 228
約坍(맺을 약 • 무너질 담) - 235
約蘭(맺을 약 • 난초 란) - 217
約伯(맺을 약 • 맏 백) - 235
約沙法(맺을 약 • 모래 사 • 법 법) - 217
約書亞(맺을 약 • 글 서 • 버금 아) - 218
約西亞(맺을 약 • 서녘 서 • 버금 아) - 231
約瑟(맺을 약 • 비파 슬) - 230
約亞拿(맺을 약 • 버금 아 • 붙잡을 나) - 232
約阿施(맺을 약 • 언덕 아 • 베풀 시) - 231
約押(맺을 약 • 누를 압) - 232
約珥(맺을 약 • 귀고리 이) - 233
約翰(맺을 약 • 날개 한) - 234
烏西雅(까마귀 오 • 서녘 서 • 바를 아) - 236
烏利亞(까마귀 오 • 이로울 리 • 버금 아) - 235
瓦實提(기와 와 • 열매 실 • 끌 제) - 225
友尼基(벗 우 • 중 니 • 터 기) - 237
猶大(오히려 유 • 큰 대) - 237
猶流(오히려 유 • 흐를 류) - 239
猶推古(오히려 유 • 옮을 추 • 옛 고) - 238
以諾(써 이 • 대답할 락) - 206
以利(써 이 • 이로울 리) - 213
以利加拿(써 이 • 이로울 리 • 더할 가 • 붙잡을 나) - 211
以利米勒(써 이 • 이로울 리 • 쌀 미 • 굴레 륵) - 213
以利沙(써 이 • 이로울 리 • 모래 사) - 214

以利沙伯(써 이 • 이로울 리 • 모래 사 • 맏 백) - 214
以利亞(써 이 • 이로울 리 • 버금 아) - 215
以利亞撒(써 이 • 이로울 리 • 버금 아 • 뿌릴 살) - 211
以馬內利(써 이 • 말 마 • 안 내 • 이로울 리) - 244
以法蓮(써 이 • 법 법 • 연꽃 련) - 207
以斯拉(써 이 • 이 사 • 꺾을 랍) - 209
以士帖(써 이 • 선비 사 • 표제 첩) - 208
以撒(써 이 • 뿌릴 살) - 240
以賽亞(써 이 • 굿할 새 • 버금 아) - 239
以西結(써 이 • 서녘 서 • 맺을 결) - 208
以掃(써 이 • 쓸 소) - 207
伊施波設(저 이 • 베풀 시 • 물결 파 • 베풀 설) - 243
以實瑪利(써 이 • 열매 실 • 마노 마 • 이로울 리) - 242
以笏(써 이 • 홀 홀) - 210

ⓙ
底馬(밑 저 • 말 마) - 124
底米丟(밑 저 • 쌀 미 • 잃어버릴 주) - 125
底波拉(밑 저 • 물결 파 • 꺾을 랍) - 128
底拿(밑 저 • 붙잡을 나) - 130
提多(끌 제 • 많을 다) - 131
提摩太(끌 제 • 문지를 마 • 클 태) - 131

ⓔ
他瑪(다를 타 • 마노 마) - 122
土西拉(흙 토 • 서녘 서 • 꺾을 랍) - 128
土八該隱(흙 토 • 여덟 팔 • 그 해 • 숨을 은) - 127

ⓟ
巴拿巴(땅이름 파 • 붙잡을 나 • 땅이름 파) - 154
巴蘭(땅이름 파 • 난초 란) - 158
巴拉巴(땅이름 파 • 꺾을 랍 • 땅이름 파) - 155
巴西萊(땅이름 파 • 서녘 서 • 명아주 래) - 157
波阿斯(물결 파 • 언덕 아 • 이 사) - 162
巴底買(땅이름 파 • 밑 저 • 팔 매) - 154
波提乏(물결 파 • 끌 제 • 가난할 핍) - 161

彼得(저 피 • 얻을 득) - 160
彼拉多(저 피 • 꺾을 랍 • 많을 다) - 166

ⓗ
夏甲(여름 하 • 껍질 갑) - 244
何西阿(어찌 하 • 서녘 서 • 언덕 아) - 251
夏娃(여름 하 • 예쁠 왜) - 246
含(머금을 함) - 249
哈拿(물고기 많은 모양 합 • 붙잡을 나) - 248
哈大沙(물고기 많은 모양 합 • 큰 대 • 모래 사) - 208
哈曼(물고기 많은 모양 합 • 끌 만) - 245
哈巴谷(물고기 많은 모양 합 • 땅이름 파 • 골짜기 곡) - 246
哈該(물고기 많은 모양 합 • 그 해) - 247
該隱(그 해 • 숨을 은) - 100
戶珥(지게 호 • 귀고리 이) - 252
希羅底(바랄 희 • 비단 라 • 밑 저) - 249
希蘭(바랄 희 • 난초 란) - 253
希律(바랄 희 • 법 율) - 250
希勒家(바랄 희 • 굴레 륵 • 집 가) - 255
希幔(바랄 희 • 막 만) - 251
希西家(바랄 희 • 서녘 서 • 집 가) - 254

5 | 성경 중국식 인명 한어병음 색인

A
阿摩司(ā mó sī) - 191
安得烈(ān dé liè) - 202
阿尼西母(ā ní xī mǔ) - 220
暗利(àn lì) - 222

B
巴底买(bā dǐ mǎi) - 155
巴蘭(bā lán) - 158
拔示巴(bá shì bā) - 158
百基拉(bǎi jī lā) - 164
巴拉巴(bā lā bā) - 155
巴拿巴(bā ná bā) - 154
巴西莱(bā xī lái) - 156
保罗(bǎo luó) - 156

彼得(bǐ dé) - 160
便雅悯(biàn yǎ mǐn) - 159
波阿斯(bō ā sī) - 162
波提乏(bō dī fá) - 161
彼拉多(bǐ lā duō) - 166
比拿雅(bǐ ná yǎ) - 163

D

大利拉(dà lì lā) - 129
大卫(dà wèi) - 123
但(dàn) - 124
但以理(dàn yǐ lǐ) - 120
底波拉(dǐ bō lā) - 128
提多(dī duō) - 131
底马(dǐ mǎ) - 124
提摩太(dī mō tài) - 131
底米丢(dǐ mǐ diū) - 125
底拿(dǐ ná) - 130
多加(duō jiā) - 125
多马(duō mǎ) - 126

E

俄巴底亚(é bā dǐ yà) - 223
俄珥巴(é ěr bā) - 221
俄陀聂(é tuó niè) - 224

F

非比(fēi bǐ) - 163
腓力(féi lì) - 168
腓利门(féi lì mén) - 167
非尼哈所得(fēi ní hā suǒ dé) - 165

G

该隐(gāi yǐn) - 100
歌利亚(gē lì yà) - 106
歌篾(gē miè) - 105
哥尼流(gē ní liú) - 103

H

哈巴谷(hā bā gǔ) - 246
哈大沙(hā dà shā) - 208
哈该(hā gāi) - 247
哈曼(hā màn) - 245
哈拿(hā ná) - 248
含(hán) - 249
何西阿(hé xī ā) - 251
户珥(hù ěr) - 252

J

基甸(jī diàn) - 107
迦得(jiā dé) - 102
迦勒(jiā lè) - 101
加略人犹大(jiā lüè rén yóu dà) - 99
迦玛列(jiā mǎ liè) - 100
迦南(jiā nán) - 98

K
可拉(kě lā) - 104

L
拉班(lā bān) - 133
拉结(lā jié) - 135
拉撒路(lā sā lù) - 112
利未(lì wèi) - 137
流便(liú biàn) - 140
吕底亚(lǚ dǐ yà) - 139
羅波安(luó bō ān) - 141
羅得(luó dé) - 139
喇合(lǎ hé) - 134
拉麦(lā mài) - 132
利百加(lì bó jiā) - 142
利亚(lì yà) - 136
路得(lù dé) - 140
路加(lù jiā) - 116
罗大(luó dà) - 138
羅以(luó yǐ) - 138

M
马大(mǎ dà) - 144
玛拉基(mǎ lā jī) - 146
玛拿西(mǎ ná xī) - 150
麦基洗德(mài jī xǐ dé) - 147
米甲(mǐ jiǎ) - 152
米煞(mǐ shà) - 147
摩西(mó xī) - 149
马可(mǎ kě) - 143
马利亚(mǎ lì yà) - 144
马太(mǎ tài) - 146
米迦(mǐ jiā) - 151
米利暗(mǐ lì àn) - 152
末底改(mò dǐ gǎi) - 148

N
拿八(ná bā) - 111
拿答(ná dá) - 109
拿但业(ná dàn yè) - 108
那鸿(nà hóng) - 114
挪亚(nuó yà) - 115
尼哥底母(ní gē dǐ mǔ) - 119
宁錄(níng lù) - 119
拿伯(ná bó) - 111
拿单(ná dān) - 109
拿弗他利(ná fú tā lì) - 115
乃缦(nǎi màn) - 113
尼布甲尼撒(ní bù jiǎ ní sā) - 117
尼希米(ní xī mǐ) - 118

S
撒督(sā dū) - 169
撒非喇(sā fēi lǎ) - 187
撒迦利亚(sā jiā lì yà) - 178
撒莱(sā lái) - 171
撒非喇(sā fēi lǎ) - 176
撒该(sā gāi) - 174
撒拉(sā la) - 171
撒羅米(sā luó mǐ) - 174

撒母耳(sā mǔ ěr) - 172
塞特(sè tè) - 176
参孙(shēn sūn) - 175
司提反(sī tí fǎn) - 180
所羅门(suǒ luó mén) - 177
扫羅(sǎo luó) - 173
沙得拉(shā dé lā) - 171
示每(shì měi) - 184
所罗巴伯(suǒ luó bā bǎi) - 181

T

他玛(tā mǎ) - 122
土西拉(tǔ xī lā) - 128
土八该隐(tǔ bā gāi yǐn) - 127

W

瓦实提(wǎ shí dī) - 225
乌利亚(wū lì yà) - 235
我些(wǒ xiē) - 198
乌西雅(wū xī yǎ) - 236

X

西布伦(xī bù lún) - 182
西拉(xī lā) - 185
希勒家(xī lè jiā) - 255
希羅底(xī luó dǐ) - 249
西缅(xī miǎn) - 183
夏甲(xià jiǎ) - 244
西番雅(xī fān yǎ) - 182
希蘭(xī lán) - 253
希律(xī lǜ) - 250
希幔(xī màn) - 251
希西家(xī xī jiā) - 254
夏娃(xià wá) - 246

Y

亚伯(yà bǎi) - 191
亚比米勒(yà bǐ mǐ lè) - 195
亚比亚他(yà bǐ yà tā) - 197
亚波罗(yà bō luó) - 193
亚当(yà dāng) - 188
雅弗(yǎ fú) - 206
雅各(yǎ gè) - 204 / 205
亚哈斯(yà hā sī) - 198
亚伦(yà lún) - 190
亚拿尼亚(yà ná ní yà) - 187
亚撒(yà sā) - 198
亚他利雅(yà tā lì yǎ) - 187
亚希雅(yà xī yǎ) - 200
亚比该(yà bǐ gāi) - 194
亚比篩(yà bǐ shāi) - 196
亚伯拉罕(yà bó lā hǎn) - 194
亚伯尼歌(yà bó ní gē) - 192
亚多尼雅(yà duō ní yǎ) - 189
亚干(yà gān) - 185
亚哈(yà hā) - 199
亚居拉(yà jū lā) - 186
亚拿(yà ná) - 201
押尼珥(yà ní ěr) - 193
押沙龙(yà shā lóng) - 203
亚希多弗(yà xī duō fú) - 199
约阿施(yāo ā shī) - 231

约伯(yāo bó) - 235
约翰(yāo hàn) - 234
约拿单(yāo ná dān) - 228
约蘭(yāo lán) - 216
约沙法(yāo shā fǎ) - 217
约坍(yāo tān) - 235
约押(yāo yà) - 232
耶户(yé hù) - 219
耶羅波安(yé luó bō ān) - 216
耶洗别(yé xǐ bié) - 242
以笏(yǐ hū) - 210
以利加拿(yǐ lì jiā ná) - 211
以利沙(yǐ lì shā) - 214
以利亚(yǐ lì yà) - 215
以诺(yǐ nuò) - 206
以赛亚(yǐ sài yà) - 240
伊施波设(yī shī bō shè) - 243
以马内利(yǐ mǎ nèi lì) - 244
以斯拉(yǐ sī lā) - 209
犹大(yóu dà) - 237
友尼基(yǒu ní jī) - 237
约珥(yāo ěr) - 233
约拿(yāo ná) - 227
约基别(yāo jī bié) - 226
约瑟(yāo sè) - 230
约书亚(yāo shū yà) - 218
约西亚(yāo xī yà) - 231
约亚拿(yāo yà ná) - 232
耶利米(yé lì mǐ) - 219
耶西(yé xī) - 241
以法莲(yǐ fǎ lián) - 207
以利(yǐ lì) - 213
以利米勒(yǐ lì mǐ lè) - 213
以利沙伯(yǐ lì shā bǎi) - 214
以利亚撒(yǐ lì yà sā) - 211
以撒(yǐ sā) - 240
以扫(yǐ sǎo) - 207
以实玛利(yǐ shí mǎ lì) - 242
以士帖(yǐ shì tiē) - 208
以西结(yǐ xī jié) - 208
犹流(yóu liú) - 239
犹推古(yóu tuī gǔ) - 238

6 | 참고문헌 목록

- 신구약성서 (상해 • 성서공회인발 • 1933)
- 신구약전서 (홍콩성경공회 • 1961)
- 중국 성경 (중국기독교양회출판부 • 2009)
- 라이프성경 (기독지혜사 • 1990)
- 관주성경전서(간이국한문) (대한성서공회 • 1964)
- 큰 성경 (성서원 • 2002)
- 라이프성경사전 (생명의 말씀사 • 2006)
- 아가페 큰글 성경 (개역개정 4판 • 아가페출판사 • 2009)
- 아가페 쉬운 성경 (아가페출판사 • 2004)
- 뉴톰슨 관주주석성경 (성서교재간행사 • 1987)
- 중영대조 성경 (중국기독교협회 • 2007)
- C3TV온라인 성경(http://bible.c3tv.com/bible/)
- 신구약헬라어 낱말 분해 사전 (한국기독교교육연구원 • 1994)
- 신약경제사율 (정준모 • 물금야소교회 • 1935)
- 신약한자어사전 (김태주 • 관광교통문화사 • 2007)
- 창세기의 발견 (C.H강, E.R.넬슨 공저 • 1991)
- 고대 한자 속에 감추어진 창세기 이야기 (C.H강, E.R.넬슨 공저 • 예향 2004)
- 성경한자 (강상식 • 유로 • 2007)
- 그리스도와 한자 (이병구 • 다락방서원 • 2010)
- 성경으로 풀어보는 한자 (배현석 • 푸른출판사 • 2006)
- 아들에게 들려주는 기독교 한자 이야기 (정학진 • 도서출판 kmc • 2012)
- 설문해자 주 (단옥재 • 대만 • 예문인서관 • 1992)
- 설문해자 부수자 역해 (염정삼 • 서울대학교출판문화원 • 2007)
- 한자에 숨어있는 성경이야기 (박재성 • 도서출판 나 • 2011)
- 신비한 성경 속 한자의 비밀 (박필립 • 가나북스 • 2013)
- 21세기 설문해자 (조옥구 • 백암출판사 • 2005)
- 설문해자 강희자전 한자 214부 상해 (유수현 • 홍익재 • 2011)
- 설문 대 자전 (사청암 • 신화서점 • 1980)
- 중국문자학 (손예철 • 아카넷 • 2003)
- 고문자학 첫 걸음 (이학근 지음 • 하영삼 옮김 • 동문선 • 1991)
- 대동이의 참 역사를 밝힌다-맥이 (박문기 • 정신세계사 • 1991)
- 갑골문으로 본 상대의 교육 (양동숙 • 중국문학연구 제28집 • 2004)
- 갑골문 겸 갑골문 해독 (서예문인당 • 2005)

- 갑골문자 (서예문인당 · 2010)
- 갑골학 일백년 (왕우신, 양승남 공저 · 하영삼 역 · 소명출판 · 2011)
- 우리말로 찾는 한자사전 (박재성 · 도서출판 예지원 · 2005)
- 비서한자사전 (조한구 · 시사문화사 · 1978)
- 한한대자전 (명문당 · 2004)
- 고금한한자전 (남광우 · 인하대학교출판부 · 1995)
- 동아백년옥편 (두산동아 · 2007)
- 금성한자사전 (금성출판사 · 2009)
- 중국한자사전 (북경서국 · 2006)
- 일본한자사전 (야전출판사 · 2003)
- 중문대사전 (중국문화대학출판부 · 1964)
- 辭源 (홍콩 · 상무인서관 · 1987)
- 한문강좌 (이이화 · 한길사 · 1990)
- 한자 자의론 (이영주 · 서울대학교 출판부 · 2001)
- 한자학 (마쓰지 데쓰지 · 심경호 역 · 보고사 · 1985)
- 살아있는 한자 교과서 (정민 외 · 휴머니스트 · 2004)
- 한자정해 (이락의 · 비봉출판사 · 1996)
- 한자의 기원 (시라카와 시즈카 · 윤철규 역 · 이다미디어 · 2009)
- 생각이 뛰어노는 한자 (이어령 · 푸른숲 주니어 · 2009)
- 한자풀이 (이권홍 편저 · 백산출판사 · 2006)
- 한문의 이해 (정민, 박수밀 · 한양대학교출판부 · 2002)
- 알기 쉬운 한자 원리 (서울대 · 중국 어학연구회 편역 · 21세기북스 · 1994)